新媒体环境下
营销传播策略研究

张世涛　金安琪　著

中国原子能出版社

图书在版编目（CIP）数据

新媒体环境下营销传播策略研究 / 张世涛，金安琪
著. --北京：中国原子能出版社，2021.6
　　ISBN 978-7-5221-1441-5

　　Ⅰ．①新…　Ⅱ．①张…②金…　Ⅲ．①网络营销—研
究　Ⅳ．①F713.365.2

中国版本图书馆 CIP 数据核字（2021）第 116635 号

内 容 简 介

　　互联网的发展为企业开展日新月异的营销活动创造了无限的机会和可能，借助移动新媒体进行网络营销的方式层出不穷，促使越来越多的人接触到社交媒体，并用它进行发表、分享和传播信息或者获取信息资源，人们在虚拟的网络世界里建立起来的关系也可以迅速得到扩散。对于企业来说，他们越来越清楚地开始认识到新媒体营销的重要意义，因此都在努力地寻找一个机会改变自己的营销策略或发展对策。在此背景下，本书在介绍新媒体与营销传播相关理论的基础上，对搜索引擎营销、视频营销、微信营销、微博营销、网络直播营销、新媒体软文营销、整合传播等内容进行了阐述。

新媒体环境下营销传播策略研究

出版发行　中国原子能出版社(北京市海淀区阜成路 43 号　　100048)
责任编辑　张　琳
责任校对　冯莲凤
印　　刷　北京亚吉飞数码科技有限公司
经　　销　全国新华书店
开　　本　787mm×1092mm　1/16
印　　张　12.625
字　　数　226 千字
版　　次　2022 年 3 月第 1 版　2022 年 3 月第 1 次印刷
书　　号　ISBN 978-7-5221-1441-5　　定　价　72.00 元

网址：http://www.aep.com.cn　　E-mail：atomep123@126.com
发行电话：010—68452845　　　　版权所有　侵权必究

前　言

　　现阶段,互联网的发展为企业开展日新月异的营销活动创造了无限的机会和可能,借助移动新媒体进行网络营销的方式层出不穷。新媒体的发展历程很短,但是它的价值令新媒体平台如雨后春笋一般纷纷冒出,如今有着庞大用户量的新媒体平台有微博、微信、抖音、今日头条等。这些社交网站作为新型的信息传播媒介,主要依附于互联网技术而进行信息的传播及获取。其高度的开放性、参与的互动性和自由的社交性等天然属性,促使越来越多的人接触到社交媒体,并用它进行发表、分享和传播信息或者获取信息资源,人们在虚拟的网络世界里建立起来的关系也可以迅速得到扩散。对于企业来讲,新媒体的出现无疑会成为市场营销新的挑战与机会,越来越多的企业开始认识到新媒体营销的重要意义,因此都在努力地寻找一个机会改变自己的营销策略或发展对策。企业、商家或个人想要获取最大的商业价值,就不得不对这些新媒体平台进行运营。从本质上说,这些平台都属于新媒体平台,但在运营模式上却有着显著的区别,掌握各平台的运营技巧,不但能够实现营销,还会节省人力、物力和时间,传播效果更佳。特此,我们撰写了《新媒体环境下营销传播策略研究》一书,以期通过本书,读者能够全面掌握新媒体环境下多种营销方式的基本理论和使用推广策略与方法。

　　本书共六章。第一章为新媒体营销概述,介绍了新媒体的兴起与发展、新媒体营销的概念以及新媒体环境下的新营销传播观;第二章为搜索引擎营销,主要内容包括搜索引擎营销概述、搜索引擎营销的运作、搜索引擎营销策略与效果评估;第三章为"三微一端"营销,分别介绍了微博营销、微信营销、微视频营销、手机客户端营销;第四章为网络直播营销,介绍了网络直播平台的选择与运营、网络直播主持人的自我修炼、网络直播营销技能、网络直播营销的未来发展;第五章为新媒体软文营销,在介绍软文营销基本概念的基础上,对软文营销的基本架构、软文营销的平台以及软文营销的推广做了分析;第六章为整合营销传播,从整合营销传播的审视与发展、合营销的传播流程以及整合营销传播实施的战略等方面做了探讨。

新媒体环境下的营销传播速度快、成本低、信息量大、内容丰富、互动性强，能为企业品牌宣传、产品销售带来良好的效果，因此对于运营人员十分重要。本书通过搜索引擎、微视频、微信、网络直播、软文等平台的运营，提升运营者营销实战能力，全面剖析新媒体环境下营销传播与运营的方法策略，帮助运营人员掌握运营技巧。

本书在撰写过程中，参考和借鉴了新媒体营销传播方面的大量文献资料，在此对相关作者表示诚挚的谢意。由于作者水平有限，加之时间仓促，书中存在不足之处在所难免，敬请批评指正，以待我们在修订中不断完善。

作　者

2021 年 1 月

目　录

第一章　新媒体营销

相比于传统媒体与传统营销方式,由数字技术推动出现的新媒体营销为市场营销注入了新鲜的血液,新媒体营销的盛行引起了大大小小的企业的密切关注,所有企业和从业人士都在顺应潮流抓住机会,并积极探索能够提升自己的营销策略和发展对策。新媒体营销的现状与发展趋势,无疑是业界和学界应该重点关注的方向。

第一节　新媒体的兴起与发展

新媒体(newmedia)一词最早出现在 1967 年,由美国 CBS 广播电视网技术研究所所长戈尔德马克(P. Goldmark)在商品开发报告中首次使用。在这份报告中,新媒体首次被作为一个传播概念,用以指代和传统印刷媒介不同的、基于电波和图像传输技术的广播、电视、电影等媒介样态。作为一个不断发展且具有争议性的传播用语,业界和学界目前尚未对其定义达成共识。

一、新媒体兴起的时代背景及意义

20 世纪 90 年代,新媒体的兴起给传统媒体带来极大的冲击,营销传播也打破了传统模式变得越来越多样化、多元化。最大的变化就是完全改变了过去的单线式传播,媒介和受众之间可以进行互动式的对话和交流,而在传统营销传播模式下受众只是被动的一方,没有选择的途径和可能。传统媒体在新媒体时代存在着天然不足:传者与受者处于非直接性接触状态,媒体只能发挥简单的信息传达作用,营销与传播是相互割裂的。

随着科技的高速发展,媒体的形式和特点也随之变化,新媒体最大的特点就是赋予每个人创造并传播内容的能力,新媒体模糊了媒体和受众之间的界限,彻底改变了传统媒体一对多的传播方式,变为了多对多的交互方式。新媒体最大的创举是让每个人都成为信息的传播者和把关人。新媒体促进了社会性的互动,与网络覆盖完全重合,只要有网络的角落就可以进行社会交往和信息交换。新媒体也改变了受众的社会属性,它既提供了充足的虚拟空间来存储受众的个人信息和资料,还使受众从过去的单纯的信息接收者变成信息的制造商和传播过程中的把关人,让受众在生产和传递信息的过程中产生相互联系与相互影响。社交媒体可以把各种形式的内容进行综合处理,并进行互动,建立"联系"和生成"意义"。

二、新媒体的特点及分类

在这个充满变革与传奇的互联网时代,互联网的发展为新媒体创造了无限的机会和可能,新媒体技术以前所未有的发展势头席卷全球,以搜索引擎、论坛社区、博客、微信、社交网站为代表的新媒体数量爆发式增长。新媒体需要搭乘互联网技术的高铁才能实现信息的获取和传播,因此新媒体具有高度的开放性、参与的互动性和自由的社交性等鲜明的特点,新媒体依靠互联网技术织就了一张网眼细密的大网,使网络覆盖范围内的所有受众可以快速地获取信息资源,并且可以自由发表、分享和传播信息。

(一)新媒体的特点

1. 高度的开放性

进入互联网时代,新媒体的产生充分地调动了每一个受众的积极性与参与性,可以强有力地激发受众主动参与进来并进行一定的反馈,受众不仅仅可以有选择性地接收信息,还可以与媒体进行互动与反馈,同时也可以通过发布与传播信息来影响他人,由单一线性传播变成交互式传播是新媒体营销与传统媒体营销的最大区别。某一热门事件可以快速在新媒体平台传播与扩散,并且引发受众持续的关注与追踪,形成广泛的参与互动与讨论。新媒体平台没有准入门槛,具有巨大的开放性特点,新媒体的创新之处在于可以将各种媒体形态有机整合在一起。受众能够比以往任何时候都能快速找到新闻资讯、获取灵感以及交结到志趣相投的朋友。

各种新想法、新服务、新沟通模式、新技术等在新媒体平台上八仙过海,各显其能。不同需求的受众根据本身的需要和喜好在传播过程中扮演不同的角色,他们可以是新闻的发布者,或者是资讯的搬运工,或者是信息的把关人、评价官,每一位受众都有可能影响信息传播的走向与轨迹。

2. 参与的互动性

传媒行业已经开始转变,新媒体体系是与技术的进步相伴而来的交互式的,这是媒体行业多元化发展的一个必然趋势。随着信息高速公路的建设和全球信息化的到来,国际互联网的出现,多种多样的门户网站、专业媒体、自媒体等媒体数量裂变式增长,大大小小的媒介承载着海量的信息。在新媒体时代,网络已经覆盖世界的每一个角落,广大受众在虚拟现实的网络世界中自由探索,新媒体使地球两端的受众可以不受时差的影响实现沟通与互动。因此,地球村所有成员的生活方式都因新媒体的介入而发生重大的改变。

新媒体具有参与互动性与明显的分众化特点,引领着大众传播走向分众传播的潮流。在新媒体环境下,决定信息价值的主动权已经不再是掌握信息源的一方,而是信息接受者,信息的传播轨迹由单线性传播变为媒体和用户之间的双向交互式传播,通过受众与媒体之间的互动讨论,建立共享圈子。传播者需要不断调整自己,努力探索出符合新的信息环境的新媒体传播方式,才能够获得受众关注与喜爱。

3. 自由的社交性

在新媒体时代,传统传播的一对多形式逐渐被分众传播所取代,受众不再每晚七点准时坐在电视机前收看中央电视台的新闻联播,他们可以自由地从各种便捷设备上的新媒体上得到自己关心的信息,并且可以把相关的信息转发给其他人,受众间相互推送信息已经成为现代人的一种社交方式。时下所有新媒体平台都是开放性的,受众可以自由地参与传播,新媒体平台中的内容大多数是共享的,受众的信息需求、社交需求都可以在参与新媒体传播的过程中得以实现。

在这种状态下,新媒体价值的核心指向传播中的信息双向流通,每一个受众都可以广泛参与到新媒体传播中的每一个环节。总而言之,新媒体是顺应广大受众的需求而产生,传播行业和信息环境发展的必然产物。

(二)新媒体的分类

新媒体技术以前所未有的发展势头席卷全球,并且正全面重构媒介生态结构和现实图景,从各个方面促使人们的生活方式、思维方式和行为方式发生变化,包括融媒时代的内容、渠道、互动、技术的发展。融合的宽带信息网络是各种新媒体形态依托的共性基础,终端移动性是新媒体发展的重要趋势,数字技术是各类新媒体产生和发展的源动力。

新媒体的种类很多,在具体分类上,新媒体可细分为门户网站、搜索引擎、虚拟社区、电子邮件、即时通信、博客、网络、网络游戏、电子书、网络电视、手机短信、数字电视等。在这些新媒体的类型中,最主要的类型有门户网站、搜索引擎、微博、微信以及短视频和网络直播,这几个类型的新媒体适用度相对其他新媒体来说更广。

三、新媒体的发展趋势

新媒体正在全面重构媒介生态结构和现实图景,从各个方面促使人们的生活方式、思维方式和行为方式发生变化。

(一)进入融媒体时代

数字技术的飞速发展给各个层级的经济、社会、媒体环境带来了翻天覆地的改变和影响。在新媒体的影响力和价值不断提升的同时,对传统媒体的固有地位和原有市场也造成了一定的冲击,但更具创造性的是,这种影响力实质上催化了传统媒体走上可持续发展的转型道路,激发了其自我改造、自我优化的进程。传统媒体不会消亡,而是会和新媒体共生共荣,获得更多的生存空间。因此,新媒体和传统媒体的共处将是一个既充满竞争,又互补融合的共同演进的动态过程。

以电视为代表的传统媒体的内容产品仍具有一定创新力和品牌效应,也需要数字媒体平台以更为个性化、社交化的方式将其内容产品进一步加工、传播、扩散。新媒体并不仅仅是把电视媒体内容搬运到互联网上,而是根据受众的需求,将其进一步生成更为个性化、社交化的内容,实现台网联动、共生共赢。

(二)技术驱动创新

数字技术的发展使得新媒体获得了更多的机遇和可能。近年来,无论是虚拟增强现实技术还是大数据、云计算,都为媒体创新提供了新的启发。伴随着技术的提高和用户的爆发式增长,5G的普及、发展将使智能手机更加贴近个人电脑所能提供的服务,使其成为包括通话、邮件、个人移动办公、交通出行、生活服务以及投资理财在内的综合性交流、服务终端。而由于其贴近受众的工作、生活,蕴藏在其间的信息传播就更加容易为其所接受,为新媒体提升传播效率提供了更多可能。

近年来,大数据技术的应用正在构建新媒体发展的全新模式,云计算、大数据在我国得到越来越广泛的应用。大数据时代给人们的生活带来奇妙的改变,快捷的批量数据处理不仅更准确,而且大大地节约时间成本,还能自动形成详细的分析报告。国内知名企业先后投资大数据平台,他们收集每个受众的个性信息,分析受众的需求类型,并按照相应的规则将受众归类,根据受众的需求与喜好为其提供精确的信息推送和服务,意图覆盖受众工作、生活的方方面面。

(三)行业竞争愈加激烈

伴随着移动互联网产业的爆发式增长,受众的移动媒体选择性与依赖性凸显,特别是最近两年,随着 5G 网络的蓬勃发展,移动视频与在线直播已经成为移动新媒体乃至整个媒体行业发展及竞争的重要战场,移动视频商业化也正处于上升轨道。短短几年,涌现了大批财力雄厚、具有行业影响力和忠实受众群体的视频网站和直播平台,除视频网站和互联网企业外,三大电信运营商也在积极推动视频业务。

(四)新媒体与社交、娱乐的结合

在迅速普及的 5G 移动互联网时代,新媒体传播与社交、娱乐相结合是一种必然的发展趋势。娱乐本身是文化传播产业中的一部分,由于娱乐本身的文化特殊性与历史特殊性,因此娱乐业的诞生必然赋予新媒体娱乐性的特点,目的是提供快乐的内容,受众的群体也更能分清自身娱乐的目的。从这个层面上来说,娱乐是社会需要的一部分,是人们精神世界需要的一部分。

但是娱乐虽然是意识领域的体现,受众接受相对比较自由,传递的内容受提供内容的人来决定。在娱乐化的过程当中,受众会短暂的把情感体验代入,娱乐化的现象就会在整个传播过程中蔓延。正是如此,无论是媒体平台还是网络游戏都会有拥抱在一起相互合作的冲动。

第二节　新媒体营销概述

一、新媒体营销的概念

如今,数字技术的发展使"传播"活动与"营销"活动呈现出一体化趋势。美国西北大学麦迪尔新闻学院教授唐．E. 舒尔茨曾有"营销即传播,传播即营销"的经典论断,这一方面指出了营销和传播的界限的日益模糊,另一方面则表明了二者相互依赖的特征,也标志着营销传播被明确作为一个整体概念和独立学科发展起来。随着 Web 2.0 时代的到来,数字的技术及其应用得到了飞速发展,用户界面和更为便捷的操作模式也进一步促进了互联网的普及。营销传播学的理论研究前沿开始向新媒体营销传播方向转移。

新媒体营销传播理论是整合营销传播理论在网络环境中的一种重构,新媒体营销是基于特定产品的概念诉求与问题分析,对消费者进行针对性心理引导的一种营销模式,是指组织、企业、政府等机构的营销与传播行为一体化的活动,即传播者通过调动任何可以到达、接触并影响受众的传播介质来实现对受众的说服,从而实现预期目标、完成价值交换的活动。其目的是通过建立与特定消费者之间的共识而达成价值交换。

传统媒体在长期的发展过程中,积累了一些弊端,形成了很强势的,居高临下的姿态,已经不能适应社会的需要,不能被受众接受。在新媒体兴起之前,传统的大众传播方式每一个流程都有专业的技术人员为其把关,对于内容的剖析力度强。与新媒体比较,传统媒体受制于自身特点,与受众的互动方式形式比较单一,方法过于落后,缺少必要的交流。

从根本上看,新媒体营销改变了传统营销的生硬的宣传推广模式。新媒体营销借助新媒体的多种表达与传播方式,将企业文化和品牌故事植入产品宣传、销售之中,使消费者认同企业的理念与文化,了解品牌故事,产生购买的欲望,从而达到促进销售的目的。由此可见,新媒体技术的发展创造了新的营销传播形式与营销机会,同时数字技术也为解决营销传播问题提供了新的可能性。

二、新媒体营销活动的主要参与者

数字媒体营销传播活动的主要参与者包括广告主、广告公司、广告媒体以及受众。这四类主要参与者相辅相成、缺一不可,在数字媒体营销传播的过程中担负着不同的角色和职能,对数字媒体营销传播的发展至关重要。

(一)广告主在新媒体营销中占主导地位

广告主是指为了推销商品或者提供服务,自行或者委托他人设计、制作、发布广告的法人、其他经济组织或者个人。在新媒体环境下,广告主定义的内涵并未发生根本变化,但外延范围却伴随市场发展而不断拓展变化,从之前以企业为主,逐步拓展到政府、有特定利益诉求的社会组织甚至个人。

广告主通过购买媒体作为营销渠道,传递自己的文化信息、产品及服务,对自己的目标消费者进行信息包围,以覆盖尽可能大的信息传播范围并获得营销效果,最终实现本组织的利润。在广告信息传播活动中,广告主扮演着信息"制造"和"传播"发起人的角色。作为营销传播主导力量的广告主,其发展变化趋势深刻地影响着新媒体营销的发展。研究数据显示,在十余年来连续访问广告主对广告市场主导力量的看法时,越来越多的广告主把票投给了自己。不仅广告主是这样认为,广告公司和媒体的看法也大体相同,广告主对于营销传播活动的重要性已经成为行业共识。

(二)新媒体营销环境中的受众更加个性化

受众指的是信息传播的接收者,包括报刊和书籍的读者、广播的听众、电影电视的观众、网民,新媒体的兴起使得受众的范围越来越大了。受众从宏观上来看是一个巨大的集合体,从微观上来看体现为具有丰富的社会多样性的人。受众既可以是某个个体,也可以是某个群体或某个社会组织。受众得到信息后会根据自身的理解,产生相应的反应。

由于新媒体营销的受众更为年轻化,因此相较于前辈而言,在他们身上表现出更多独有的特征。一方面,这一群体对于个性化更加推崇;另一方面,在追求个性化的同时,他们也害怕被孤立,因此更加渴求价值认同和自我实现。注重个性化是新媒体受众在新时期发生的新变化,它是指消费者出于自身收入水平、知识水平的提高和商品与劳务的丰富等原因,购买商品时不再满足于对物的需求,而主要是看重商品的个性特征,希望通过购物来展示自我,达到精神上的满足。

新媒体的出现能够帮助广告主更好地回应受众这种个性化消费的要求,经过一系列程序,广告主能够方便地获取受众的媒体浏览行为轨迹,这样对受众的描述变得更加准确详细,并且也能够实时获取消费者的诉求,进而提供更具个性化的广告信息推送,做到千人千面,实现分类广告按需要投放。

(三)新媒体营销推动广告公司数字化转型

广告公司是由专门从事广告和营销策划、广告作品以及制作其他促销工具的创意人员和经营者组成的独立机构,其职责是帮助企业策划、准备、实施和评估所有或部分的广告宣传项目。广告公司代表不同广告主向各种媒介购买广告空间和时间,为广告主的商品和服务寻找顾客。

近年来,随着互联网及数字技术的不断革新与普及,媒体形式的不断更新及多元化,类似于数字电视、IPTV、智能手机及可穿戴设备等新媒体的不断涌现,伴随着广告主数字化需求的提升、媒体融合化与数字化变革的加速,以及广告公司自身的生存与竞争压力,为广告业的生存与发展构建了全新的业态环境,广告公司为了适应业态的发展,自身的数字化转型也在逐渐加速。

在广告主数字媒体营销传播需求不断升级的过程中,其对广告公司数字媒体营销业务的需求也在不断扩大,而媒体也选择联动广告公司共同推进新媒体营销传播。新媒体令营销拥有了数字基因,整个营销及媒体的生态系统都发生了革命性的改变。伴随着广告产业的不断发展,广告公司必然需要不断发展出新的核心优势以适应环境的变化。而广告产业本身也根据自身发展的需要,要求广告公司不断地推陈出新,保持产业的健康和活力。

新媒体的迅猛发展,引发了受众生活形态、消费意识等方面的改变,直接对广告公司的发展根基提出了挑战。无论是对消费者生活形态与消费行为特征变化的把握,还是对广告主新营销环境下营销传播行为的科学引导,都需要广告公司必须尽快掌握数字媒体发展潮流的规律,适应这一重要的环境变化。广告公司需要根据新的产业态势适时调整,在自身企业文化、组织结构、资源、人才等方面加快转型,通过并购、置换、分离、内部培育等方式,不断完善自身的核心业务,将业务结构向具有更高附加价值的方向转化,实现数字化转型。

(四)新媒体营销重组广告媒体格局

新媒体的诞生与发展不仅开创了人类交往的新形式,延展了知识结构,实现了海量信息的即时传递,而且实现了媒体与受众的即时互动。新媒体的迅速崛起,对传统媒体产生了极大的冲击。多种多样的新媒体形式不断涌现和升级,传统大众传媒表现出不能与时俱进,正悄悄地被改变与取代。新媒体技术催生的图片、动画、音频、视频、直播等多媒体覆盖了受众工作与生活的全部内容,新媒体方阵在经济下行的大环境下逆势崛起,不断瓜分、蚕食着传统媒体的广告份额。

数字媒体和网络技术的迅猛发展改变了整个媒体环境和格局。从传统媒体的读文时代到互联网媒体的读图时代,再到新媒体营销带来的视听时代与互动时代,整个媒体生态环境发生了沧海桑田的变化。传统媒体不再垄断信息,失去了舆论主导权,可以接入互联网的每一位受众都有可能成为信息的发布者和意见领袖。

在全球范围内,新媒体正在不断地鲸吞传统媒体的"蛋糕"。尽管新媒体的出现和发展给传统媒体带来了一定的冲击和挑战,但并不意味着传统媒体将会一蹶不振或是就此消亡,二者完全可以通过媒介融合与数字媒体共生共荣、协同发展,促进市场竞争进入良性循环,平衡社会媒体生态系统。

三、新媒体营销的特点

与传统营销相比,新媒体营销更加高效。新媒体营销借助网络技术和各种数据的计算与分析能够精确统计每一个页面的访问量,可以形象地绘制出用户的访问时间、访问地址以及访问习惯等轨迹和曲线,并且大大削减了营销成本。一些企业尝到了新媒体营销带来的甜头,吸引越来越多的企业效仿,加入新媒体营销的行列;新媒体营销的用户分析功能使得企业可以有针对性地对不同客户提供个性化的营销方案,既节约营销成本又提高效益,事半功倍。归纳起来,新媒体营销存在如下特点。

(一)目标客户精准定向

新媒体营销打破时空界限,最大限度地把营销落实到每一个人身上,针对目标客户的个性需求提供产品和服务,细分市场,对不同的人群指定不同的营销战略。通过对新媒体平台大量数据的分析,企业可以有效地挖掘用户的需求,为产品设计开发提供市场依据。新媒体营销以快速的、互动的、即时沟通模式取代了单向的、压迫式的广告传播,而且拥有真实的、精确的、强大的数据库分析挖掘功能,实现了真正意义上的分众沟通。

(二)与用户的距离拉近

新媒体本身的平民化、个性化特点使其门槛低、操作简单,使得受众身份发生了转变,从"旁观者"到"当事人",每个受众都有了自己的媒体宣传平台,都可以通过互联网成为新闻传播的主体或是表达自己的观点。依靠互联网,过去的信息接受者可以利用现代先进的网络通信技术进行各种形式的互动,不需要大量的时间和精力,不需要专业的媒体知识,受众也可以成为一个"媒体人"。

(三)个性化营销

新媒体营销是一种个性化营销,张扬了普通大众的个性。新媒体营销传播中,信息传播模式变为了双向性、互动式,以受众为中心,受众可以随意选择自己需要的节目,并且可以随时传递自己想要表达的意愿。在互联网时代,消费者可以参与开发适合自己的个性化产品,也可以及时地完成信息接收、信息反馈。

(四)公关作用显著

受众最感兴趣的内容和最容易引起起讨论的话题一经投入到受众中，就会引起快速复制、热烈讨论和参与，从而形成连绵不断的传播浪潮。企业只要创造出恰当的话题，再将话题发送到受众群体中，就可以等待受众在话题的原始形态和构成上，自由发挥、创造，不断扩充其内容。

(五)企业宣传成本低

经济成本低廉，即减少资金投入，新媒体营销创建网络平台，减少固定资金的投入；在新媒体营销过程中，可以借助先进多媒体技术手段，以文字、图片视频等表现形式对产品、服务进行描述，为新媒体营销提供逼真的表现效果，从而使潜在消费者更形象更直接地接受企业的营销信息。

四、新媒体营销的发展历程和趋势

媒体营销进入 21 世纪以来所受到的冲击，也许超过了它迄今在历史上的任何时期，甚至超过了 100 多年来现代广告发展所形成的全部变化。所有从事营销传播的人士都不得不面临一个现实：广而告之的时代已经结束。如果你还想营销一个品牌、商品、服务或其他，那种司空见惯的传统广告方法不仅很难奏效，甚至从投入产出的角度看得不偿失。而所有这些的本源，都来自新媒体崛起带来的市场环境与传播环境的变化。

(一)新媒体营销的发展历程

1. 1997—2004 年：单向传播主导时期

1994 年，中国获准接入互联网，广告作为互联网商业模式的核心组成部分，伴随互联网的兴衰起伏而发展。1997 年，中国第一个互联网广告出现。1998 年世界杯期间，新浪网站的广告收入达到了 18 万元人民币。1999—2001 年互联网泡沫破灭之后，随着互联网的逐步成熟。在这个时期，营销者假设每个人都是一样的，忽略市场需求差异，认为每一个人都是潜在顾客，力图通过固定的产品、分销、大众传播影响到最广泛的市场。互联网广告形式不断丰富、效果可控性大大提高，互联网广告收入呈现出迅猛的增长态势。伴随着新媒体的发展，中国的消费者的观念和消费行为相应发生改变，消费观念从"他人取向"为主转向"自我取向"为主；消费行为从以获取科技信息、社会新闻等为主要目的转向以休闲娱乐与获取资讯并重为主要目的。

2. 2005—2008 年:双向传播主导时期

这一时期,除互联网媒体外,手机媒体凭借高度的便携性、互动性、网络化开始受到业界追捧。2006 年中国移动收购新闻集团持有的 20% 凤凰卫视股份。2006 年 7 月,中国联通全面推出手机广告,提供以 WAP 技术访问互联网、短信、语音等广告业务。固网互联网和移动互联网的融合也在加快。基于移动互联网的新服务不断涌现,互联网通过手机实现了更广的人群覆盖,截至 2008 年,中国移动互联网用户已超过 8 400 万。消费者更加注重即时互动分享,移动性增强,呈现小众化、碎片化态势。

3. 2009—2013 年:关系传播主导时期

2009 年,国内发放 3G 牌照,三网融合的进程有了初步的进展。2009 年 9 月,新浪微博正式上线。无论是三网融合的推进,还是微博等社交平台的发展,信息应用的无限延展始终是数字技术进步中的永恒话题,也是数字媒体吸引消费者使用与互动的核心要素。消费者日渐适应数字化生活,开始追求价值认同。在国家积极拉动内需、刺激消费的经济政策环境下,与网络购物相关的服务的提升带动了网购群体规模的大幅度扩大。网络购物中的售前咨询、物流、退换货等售后服务亦不断地完善。随着网民年龄的泛化和资深网民数量的逐步增加,一大批网购新生代正在崛起,越来越多的消费者开始尝试通过网上购物实现消费。

4. 2014 年至今:渠道传播一体化时期

在这一时期,媒体的营销环境表现出了更为鲜明的"移动化、碎片化、场景化"特征。消费者可以在任何时间、任何地点,通过多元的方式购买他们所喜欢的商品。伴随智能手机等移动终端使用量的暴增,消费者碎片化时间重聚于智能移动设备,整个媒体环境及营销环境呈现碎片化和移动化特征。广告主的营销活动更加注意营造容易触动消费者购物欲望的场景化建设。可穿戴设备、移动互联网以及各种终端的无缝连接等新技术的发展,让随时捕获消费者并建立这种情景渠道也变得有章可循。因此,营销如何"场景化"以及如何通过可以谈论的内容搭载场景的匹配,成为所有营销人员都需要面对的问题。

(二)新媒体营销的未来趋势

1. 个人的社会属性和商业角色融合

新媒体营销加速了商业价值观和经营理念的改变,并且进一步转变了每个人的社会属性和商业角色,一个"人人都是企业家"的时代即将到来。在虚实交错的新媒体时代,任何人都有了一个可以向世界发出自己声音的网络连接,在这个平台上充分展现自己天赋。C2C 商业生态圈模式正是顺应这个大趋势,重新定义个人属性,将每个个体转变为社会资源和财富,让每个人的价值最大化,成就个人才华绽放。

在新媒体时代,人才在商业社会中的属性发生了彻底的改变,颠覆了传统的经营理念,于是涌现出了一大批这个时代的新派创业者和企业家。商业世界为他们推波助澜,帮助每个人建立一种有独立人格、以网络为连接、带来新价值创造的新商业。新媒体营销环境创造的是一个所有人商业机会平等的世界,其内涵正是新媒体营销的探索者们赋予的。这些探索者有阿里巴巴、京东、微信等这些创造航母的平台企业,还有淘宝、拼多多、微信等平台上那些卖花、卖米、租房、开店的企业。

2. 商业资源重新配置、重建中心

过去,商业资源是匮乏的,人们的需求依赖生产能力;商业价格取决于劳动力及制造成本,产品价值靠广告宣传的力度,商业的中心是大规模、垄断性的企业。在企业内部主要以金字塔模式设置员工岗位,从上到下配置资源。但是,在新媒体营销的环境下,原来那些固定的模式与被垄断的资源突然间被释放,商业资源被重新配置,商业中心也被重建。

原来只属于被选择的对象,现在可以做自我选择。优秀人才有了真正的自由施展才华和天赋的平台与空间,离开大公司创业去了;传统行业没能跟上运行规则的改变,保守的大公司没落了,传统商业资源的中心的垄断格局由此被瓦解。重建中心是从两个维度发展:一是"个人即组织",一个人发自内心的利他,全世界都会围着他转;另一个是"组织即平台";一个实实在在帮助他人的平台,所有商业都会围着他运转。新媒体营销进入商业领域给大众带来很多实惠,很多新媒体平台都免费为用户提供信息,反过来又吸引了成千上万的用户留在平台上。

3. 媒体碎片化,受众分众化

在传统电视走向双向机顶盒数字电视之后,电视观众不再受时间约束,

必须收看即时播出的电视剧,而可以选择回放昨天错过的节目或者在晚间收看中午播出的新闻节目。从收视率来看,晚间的收视率被分流了,从而表现出"碎片化"的特征。

新媒体营销把握潮流方向,顺应新媒体格局的变化,促使企业营销理念升级,前景广阔机遇。单向传播演变为双向传播,使得每一个信息接收者都有可能变为信息源或者传递者,媒介载体更加趋向多元化、便利化,受众模式转变成为"碎片化"和"重聚"的不断转换。这个分化及重聚的过程很显然是基于内容选择的,而这势必会迎来新媒体营销领域中企业应用策略与理念的转化。

消费者在选择商品时,不再仅仅依靠产品质量等硬件条件作为唯一的选择因素,更多地想要追求个性化、差异化的产品,迫使消费品生产者不断改进生产,考察消费者的不同需求,根据消费者的要求来进一步细分产品市场,以期望在市场竞争中获得更多的市场份额。快速消费品的大众市场正在解体,走向分众市场。

4. 媒介定制引导模式革命

媒介定制是现代媒介在新媒体时代,基于受众个性化需求所选择的一种对应性的信息供应方式。它把满足受众需求作为终极追求,为不同消费者量身定制,真正实现对媒介受众的个性化需要的满足。作为一种媒介运营理念,它直接引导了媒介价值观念和媒介运作模式的转变,并进而导致媒介体制、媒介组织形态和媒介价值链的全面变革。

媒介定制在事实上是由于商业模式变革所引导的媒介运营模式革命。媒介定制作为数字化和网络技术背景下的媒介运作发展趋势,其实是与方兴未艾的电子商务相辅相成的一种媒介营销模式,二者都经历了由物及人的转化。媒介定制模式的转变其本质就是要改变传统的由大众媒体所建立的那种以产品或者是以自我为核心的运营模式,在把媒介作为信息内容提供商的同时,建立起一种适合消费者需要的信息分销体系,以满足受众的个性化信息需求。

第三节　新媒体环境下的新营销传播观

新媒体营销是一种创新,既发现了新的元素,又现有元素进行创新性整合。随着新技术的产生,定会不断有新产品、新终端、新模式出现,而未来的新媒体营销,应是服务与体验之间多样态、多维度的创新性结合。在新媒体环境下,营销商的传播角色发生了转化,营销传播中对媒体价值的重新评价。新媒体营销的核心在于降低成本、扩大覆盖、提高影响、促发行动。新媒体在传播中所占的份额比重将越来越大,在新媒体不断发展并对人们的生活产生越来越重要影响的时代背景下,营销企业只有充分意识并把握这些新特点,才能适应新的传播时代,更好地利用新媒体,对广告进行精准有效的投放,从而使广告发挥更大的传播效果。

一、新媒体营销中受众价值突显,实现平等对话

新媒体营销模式多元化,得益于双向的信息流通渠道、畅通的网络平台,在新媒体营销模式呈现多元化的发展趋势的同时,各种媒体信息需要二次整合,精细营销也是新媒体营销的一个重要体现。

消费者可以根据自己的个性需求做出选择,不仅和渠道商联系也和生产商联系,而且这种联系具有多重性选择,丝毫不局限于某一特定的对象。这种全方位的交换流向,形成了交互式的市场格局,这种控制权的变化也导致了营销传播的革命。

伴随网络和信息技术的发展,媒体传播发展了重大转变,以互联网和数字技术为基础的新媒体由此诞生。新媒体的产生为受众提供了更多的文化信息资源,实现了新媒体和受众之间的交流,改变了传统受众的地位。新媒体环境下信息资源的多样化以及新媒体自身的匿名性和互动性特点,为受众提供了更大的发展空间。但同时也产生了一些消极影响,主要表现为受众个人道德判断能力的缺失、价值观的错位、人格扭曲等。

现在营销更加注重垂直人群的影响力,而进行效率更高的定向投放。所以现在的新媒体的受众价值不在于到底有多少受众,而是把受众细分到什么程度。细分越准确,媒体的受众价值就越高,这是对营销思想的一种进化和完善。

二、产业结构由单一产业链转向跨界融合

进入新媒体营销传播时代以来,传统营销传播观念所受到的第一波冲击就是来自原有产业形态的稳定性受到了挑战。快速发展的信息技术使得原有的产业链构成不再具有独特优势,消费者的渠道惯性也被彻底改变,一些传统产业结构已经失去了继续生存的理由。只有改变原有的产业结构,才有可能创造出新型的竞争优势。

走出单一自身传播模式,尝试运用各种新媒体途径进行传播,寻求新媒

体环境下的整合营销传播。所谓整合营销传播,最原始的要求就是努力运用多渠道的传播形式,实现与消费者的多重接触,进而在强化信息声音的同时增加品牌感知。

过去那种纯粹立足于本行业营销方式已经完全让位于新媒体营销大背景下的跨界融合。产品可以作为一条纽带,串联起多个产业的多种元素。原来的线性产业链已经被跨界式的产业融合所取代,而跨界融合的内在联结便是以产品为引导。在这种跨界式产业结构成中,产品作为一种基本价值要素,已经融入整个文化、生活以及时尚,形成全产业、大视野中的跨界式融合。

新媒体营销时代消费行为的变化,在调整传统产业结构的同时,也给跨界融合带来新的机遇和无限的想象空间。成功实现跨界融合必须坚持三个原则性:其一,跨界融合必须是以"文化"作为内在基因,才有利于形成广义的文化创意产业;其二,跨界必须有助于改变原有的单一产业链,使产业由简单的销售上升为多元互补的共生产业形态;其三,跨界必须带来新的价值实现方式,也就是说要通过增加价值节点摆脱原有的简单销售依赖。

三、新媒体营销开启泛广告思维新纪元

进入 21 世纪以来,广告所受到的冲击超过了任何时期。所有从事营销传播的人士,包括业界和学界的专业工作者,以及工作中有形无形涉及营销传播的人士,都不得不面临一个现实:广而告之的时代已经结束,泛广告思维新纪元已经开启。

建立一种泛广告思维意识,不仅需要从传统大众媒体广告着眼围绕创意策略讨论广告策划,而且综合引入多种营销传播概念,从而构建一个新的广告策划学科框架。它不仅包含了多种营销传播形态的综合应用,而且也是对传统广告执着于"诉求"的一种彻底反思。

如果企业想营销一个品牌或商品,传统广告方法不仅很难奏效,甚至从投入产出的角度看得不偿失。广告的价值不再局限于说服式的诉求,其本质在于与用户建立一种沟通性的品牌关系。这就好比在粉丝化的传播体系中,随便一个网红或者网络大 V 的传播影响力,都会超过传统报纸电视的阅读收视率。其个人品牌的黏性以及与对象的互动远超传统大众传媒。

新媒体彻底结束了传统大众传媒对受众的传播霸权,并催生了围绕传统大众传媒所建构的广告理论和广告策划方式,开启新营销时代的定位理论。泛广告思维就是要去除传统广告追求的自我中心化,转变传统广告策略以诉求为核心的大创意追求,用创造关系价值的品牌意识取代销售第一

的营销推广意识,在这个过程中所有营销传播的内容都可看作是广告,而广告也因此跨界了它旧日的藩篱。

四、媒介通过他律实现自律

强调媒体自律具有一定的理想主义色彩,因为商业广告与生俱来的功利倾向直接表现就是明显的物质主义诉求,很难判定广告自身价值与社会价值标准是否一致。所以,媒体在一定程度上陷入自律与他律矛盾之中。

很多广告在创意表现方面都很擅长游走于似有似无之间,广告表现形态千变万化,形形色色的虚假广告充斥媒体,相应的法规和游戏规则无论怎样延伸,都不可能是针对每一个具体广告的判断标准,媒体作为广告介入受众的一个桥梁应该如何做到自律。

媒体作为广告走向大众的出口,虽然在广告发布中承担着把关责任,但是也不可否认由于媒体所具有的商业经营属性,决定了它不可能摆脱对利益的追逐,更何况在很多情况下,媒体本身也缺乏对广告性质做出恰当判断的能力。所以想单纯通过媒体自律实现广告市场净化,这显然并不符合现实。因此促使媒体广告自律,进而达到广告市场净化,必须把媒体广告与广告源头和广告环境合并考虑,在协调中互相约束,通过他律进而实现自律。

广告业必须要在法律法规指导下,建立一种有序的自律环境,各种措施要有利于引导和强化广告自律。而我们媒体广告自律的欠缺,主要并不是法律法规的欠缺,很大程度上是由于这种环境建设上缺失。因此所谓强化广告市场的净化机制,就是寻找一条通过他律达成自律的重要途径。在这里行使广告监管权限的主体当然是政府主管部门和执法机构,而进行技术判断和细节分析的却应该是相应的行业协会,与此同时其他各种社会公益组织甚至是市场中的消费个体,也可以发挥一定的监管作用。这就需要有种适当的连接渠道把不同层级的监管手段协调起来,使监管真正成为一个纲举目张的网络,形成一个良性的广告环境,有利于实现媒体广告自律。近年来国际营销领域绿色营销开始盛行,也许就是这种市场净化机制的在广告和营销传播中的一种折射。

第二章　搜索引擎营销

互联网出现的初期,人们要在茫茫的互联网中找到所需的信息就如同大海捞针,直到搜索引擎的出现,这种情况才有所改观,而企业广告主在搜索引擎上也迎来了最好的营销环境和营销契机。搜索引擎营销拥有如此良好的土壤和氛围,企业从现在开始更应该重视搜索引擎的作用,学会在搜索引擎上抓住目标受众,影响目标受众,引导目标受众,这必然会将企业营销引向成功。

第一节　搜索引擎营销概述

一、搜索引擎营销的概念

认识搜索引擎营销首先需要从理解什么是搜索引擎开始,世界上的每个国家都有一系列的搜索引擎吸引着本区域内大量的搜索用户。例如,在北欧国家,Google 的市场份额几乎达到 100％;而中国最主要的搜索引擎则是百度;在俄罗斯,Yandex 则是最主要的搜索引擎。索引擎就是一部机器,它可以满足人们的好奇心、求知欲,同样它也可以扩大人的好奇心和求知欲。搜索引擎是一个转换器,可以把世界上发生的事情尽可能详细的展示出来,也可以将用户分享的信息传达给更多人。使用搜索引擎无须复杂的过程、高难的技术,只需在搜索框里敲入几个关键词即可。

搜索引擎在短短几年内就成了互联网的入口,以及用户最为依赖的基础网络服务,它在改变了人们生活方式的同时,也改变了企业的营销环境,受到了企业主的青睐。搜索引擎营销就是一种包含许多技巧的数字营销模式,通过增加网站内容的可视性来推销产品。通常而言,搜索引擎营销始于搜索用户在搜索引擎中输入关键词,之后搜索用户会看到一个包含多个搜索结果的搜索引擎结果页面。简单来说,搜索引擎营销就是基于搜索引擎平台的网络营销,利用人们对搜索引擎的依赖和使用习惯,在人们检索信息的时候将信息传递给目标用户。搜索引擎营销的基本思想是让用户发现信息,并通过点击进入网页,进一步了解所需要的信息。企业通过搜索引擎付费推广,让用户可以直接与公司客服进行交流、了解,实现交易。

二、搜索引擎营销构成要素及工作原理

(一)搜索引擎营销的构成要素

搜索引擎营销之所以能够实现,需要有五个基本要素:信息源(网页)、搜索引擎信息索引数据库、用户的搜索行为和搜索结果、用户搜索结果的分析判断、对选中检索结果的点击。搜索引擎营销的主要任务就是对以上要素和信息传递过程进行分析与研究,然后制定出符合搜索引擎抓取条件和便于用户使用搜索的最优营销方案。其中最主要的还是需要足够重视用户体验,做好内容,做优质内容才是王道。

1. 网站收录

搜索引擎收录网页实际上就是在互联网进行数据采集,这是搜索引擎最基础的工作。如果把互联网比作一片海域,搜索引擎就是捕鱼的网,能为用户提供多少鱼取决于捕鱼的数量,数据采集能力直接决定搜索引擎可提供的信息及对互联网覆盖的范围,由此可见,搜索引擎总的数据采集能力是衡量其质量高低的唯一标准。

如果把一个网站页面组成的页面看作是一个有向图,有一只大蜘蛛从指定的页面出发,沿着页面中的链接,按照某种特定的策略在网站的页面中到处爬行和探索。而企业若想让自己的网页尽可能地被收录,就像是在自然搜索中玩抽彩票游戏,首先要学会蜘蛛程序的游戏规则,并且要遵循这些规则,了解这只蜘蛛喜欢什么及讨厌什么,一旦违反蜘蛛程序的这些规则,网页将不会被编入索引,也就失去了被搜索用户看到的机会。这听起来也许很简单,但对于公司网站来说,要使搜索引擎索引其网页却是极大的挑战。公司在开始努力进行自然搜索营销时,第一步就是要检查自己的网页是否被编入索引。如果没有,就要找出问题所在,然后进行改正,增加被编入索引的网页数量是利用搜索引擎营销实现销售转化的金钥匙和敲门砖。

2. 将企业数据添加到产品搜索引擎数据中

页面抓取只是搜索引擎工作的一个基础环节,页面抓取回来并不是马上就可以向终端用户提供查询服务。因为用户在使用搜索引擎进行查询的

时候,使用的是一个词或者短语,搜索引擎要为用户提供与查询条件相匹配的信息,因此,还要对原始页面进行一系列的分析、处理,以迎合用户的习惯。首先,搜索引擎对存储的原始页面建立索引并对其包含的标签信息进行筛选,把正文信息提取出来;然后进行关键词过滤,并建立关键词索引,得到了页面与关键词的对应关系;最后对所有关键词进行重组,从而建立关键字与页面直接的对应关系。无论运行哪个程序,它都需要产品信息源。这些信息源有非常具体的信息,必须涵盖这些信息并且不断更新它的价格与库存。程序员必须创建一个包含企业想要包括的内容的文件,按照搜索引擎需要的格式将其发送给搜索引擎,不同的搜索引擎接受不同的格式。几乎每个搜索引擎都接受可扩展标记语言格式,从长期看这是维护内容最便宜的格式。

企业的信息源中需要哪些数据取决于搜索引擎,因为每个引擎对数据的要求不同,但大致都包括网址信息、产品名称及描述、型号、制造商、产品分类和价格等要素,除了产品的名称和说明之外,产品搜索引擎通常需要产品的价格、可用性和特点,大多数的数据源包括部分或者所有这些项。

企业进行搜索引擎营销的目的就在于精准掌握用户的需求,增加网站的有效内容,并把相应的产品信息推送给用户。如何让网站的内容被搜索引擎抓取,如何让需要推广的内容与用户搜索关键词相匹配,可以从网站内部和外部两个方面的资源来考虑。

(1)充分利用内部资源,也就是对网站现有内容的进行合理的包装、优化和扩展;

(2)合理利用外部资源,包括利用合作伙伴的资源、利用相关的信息资源,以及将企业的信息资源通过其他网站进行传播等。

3. 用户的搜索行为和结果

无论网站的目的是什么,网站搜索用户都有其自己的目标。他们可能想明确知道某一地区明天天气的准确数据,或选择购买哪种品牌和功效的护肤品,或查询医生对糖尿病患者的用药和饮食建议等等,企业只有了解搜索用户的搜索目的,才能帮助他们实现目标。

对中小型企业主而言,搜索引擎营销的受众资源丰富,覆盖中国90%以上的网民,而且能够针对细分的行业用户进行精准的推送,能够基于最终用户的主动搜索诉求投放广告。

4. 对用户搜索结果的分析判断

用户在各个网页选择浏览时,会留下浏览轨迹,而分析这些轨迹,可以将用户按照使用偏好进行划分,如果网站的目的是销售产品,就需要设身处地地考虑潜在购买者在寻找什么。假设一位女士需要清除厨房重油污垢,企业可以将此确定为初级需求,该女士不知道自己是聘请专业清洁人员,还是购买一些去污产品和工具,她在搜索引擎里输入了"厨房清洁"几个大字。现在,要如何向这位女士进行搜索引擎营销呢?如果企业恰巧销售去污剂,就可以通过搜索引擎告诉这位女士自己的去污剂是行业内评价最高的,而且本周正好打折,进而实现销售。

用于描述购买者行为的术语非常之多,但区分购买者的一个关键方法是按其查找的信息类型分类。在这些基于用户行为分析的基础上,对目标受众投放"跟踪式"广告,当其跳转到搜索引擎另一个频道时,该广告跟踪现实,达成广告的定向传播。最为重要的是搜索引擎营销投放效果是可以量化展现的,能够深入分析搜索引擎对企业广告和网站的流量贡献情况,让企业每一分广告费用都花到刀刃上。

5. 对选中检索结果的点击

搜索用户之所以会点击页面,是期望这些页面能够满足他们的需求。因此导航型搜索用户希望自己能够找到正确的站点,信息型搜索用户希望找到正确的答案,无论搜索用户做什么,都要明白一点:他们希望速战速决。大部分搜索用户会选择他们看到的第一个比较靠谱的链接,而且在5秒钟之内即可完成点击。他们仅关注排名靠前的几个链接,而且最可能会点击第一个链接。目前来看,用户更倾向于自然搜索结果,经常会点击这些链接,不过有些研究显示,交易型搜索用户更多的时候会点击付费搜索广告。

网页搜索排名逐步提升之后,企业需要了解搜索用户为何会在搜索结果中点击自己的页面,但同时还需要弄明白其他搜索用户没有点击的原因。研究显示,无论关键词是哪种类型,搜索用户都倾向于点击标题和摘要部分正好含有搜索请求词语的结果,同时他们还会浏览其他与关键词相关的词语。

整体来看搜索引擎营销是最适合企业的营销方式,但搜索引擎营销的手段和广告模式也有很多种,究竟哪些更为贴合企业的需求。企业的需求往往是,一方面要面向特定受众群体展开精准营销,以此节省广告费用;另一方面是积极寻求低成本的但面向大众的广告类型。

(二)搜索引擎营销手段分类

根据不完全统计,如今搜索引擎营销手段就类别而言已经细分为六大类,而在近两年来,平均每年都会新开拓出至少两类新的营销方式,中国搜索引擎营销正日益被企业广告主和运营商通力丰富起来。中国搜索引擎的媒体化和平台化发展,造就了中国引擎营销的自有特色,对企业广告主而言,务必要了解各种搜索引擎营销手段的特色与差异(见表2-1)。

表2-1　搜索引擎营销手段分类及对比分析

序号	手段分类	成本费用	形式与位置	优、劣势对比
1	分类目录	免费	位于搜索引擎下辖的社区类产品中,对企业产品服务进行软性推介或者合作举办活动推广品牌	利用口碑传播企业成本相对较低,并且软性推介帖子可能出现在搜索结果中,直接引导用户的品牌认识,对中小企业进行软性推广较为适合
2	搜索引擎优化	免费	非广告提升网站在搜索引擎结果列表中的排名和收录的内容	通过提高网站设计质量,适应搜索引擎的计算法则,利用技术性搜索引擎进行推广。搜索引擎搜索信息,并且返回的搜索结果让用户觉得很有吸引力,这样才能达到使用搜索引擎的目的
3	收费登录分类目录	收费	多位于搜索引擎子媒体频道内,一般为通栏广告	与传统网络门户媒体上的品牌展示广告类似,面向全部用户展示广告,适合追求曝光率的大品牌广告主投放
4	关键词广告	收费	出现在搜索结果列表自然搜索结果之前。一般出现在左上方和搜索结果列表右侧。也有出现在搜索结果页面的专用位置	关键词广告是充分利用搜索引擎开展网络营销活动的一种手段,是付费搜索引擎营销的主要形式,近年来它已成为搜索引擎营销中发展最快的一种。关键词广告形式比较简单。通常是文字广告,主要包括广告标题、简介和网址等因素
5	竞价排名	收费	非广告提升网站在搜索引擎结果列表中的排名和收录的内容	通过改善网站 HTML 和内容建设提升搜索引擎友好度,促进网站流量提升多属于企业内部建设,成本较容易控制

序号	手段分类	成本费用	形式与位置	优、劣势对比
6	网页内容定位广告	收费	位于用户经常浏览的各个子频道中,追踪用户精准展现	根据用户浏览内容判定其使用行为,以此作为精准营销的依据,是搜索引擎营销的创新手段。对于面向特定人群以销售为目的的广告主尤其适用

(三)搜索引擎营销的工作原理

搜索引擎营销这种方式之所以热门,被越来越多企业推崇与广泛使用,主要原因就是这种营销方式非常简单,投入时间和精力成本比较少,在性价比方面能够达到比较高的水准,下面做简单阐释,方便企业全面了解搜索引擎营销的工作原理,以便更好地判断自己公司企业是否适合搜索引擎营销。

搜索引擎营销的工作原理主要包括信息搜集、信息分类、用户查询三部分。流程表示如图 2-1 所示。

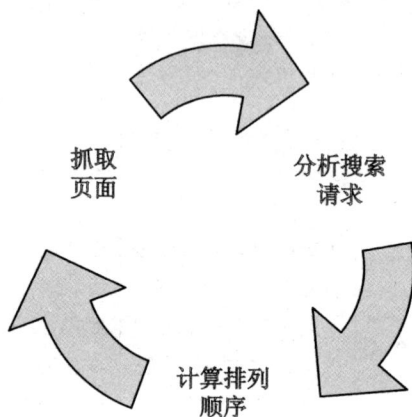

图 2-1　搜索引擎营销工作流程

抓取页面　分析搜索请求　计算排列顺序

1. 页面收录

在互联网中,如果把整个网站看作一棵大树,首页就是根,每个页面就是叶子。搜索引擎程序通过域名进入网站,从而展开对网站页面的抓取。换言之,搜索引擎要在互联网中抓取页面的首要任务就是建立一个庞大的城名列表,再通过域名进入相应的网站,从而抓取这个网站的页面。URL是每个页面的入口地址,搜索引擎程序就是通过 URL 抓取到页面的。搜索引擎从 URL 列表出发,通过 URL 抓取并存储原始页面同时,提取原始页面中的 URL 资源并加入 URL 列表中。如此不断循环,就可以从互联网中获取到足够多的页面。URL 是页面的入口,而域名则是网站的入口。而对于网站来说,如果想要被搜索引擎收录,首要的条件就是加入搜索引擎的域名列表。

2. 数据分析

页面抓取只是搜索引擎工作的第一步,而是需要进行细化的信息数据分析、分类后才可以向终端用户提供查询服务。因为用户在使用搜索引擎进行查询的时候,使用的是一个词或者短语,搜索引擎要为用户提供与查询条件相匹配的信息,因此,还要对原始页面进行一系列的分析、处理,以迎合用户的习惯。首先,搜索引擎对存储的原始页面建立索引并对其包含的标签信息进行筛选,把正文信息提取出来;然后进行关键词过滤,并建立关键词索引,得到了页面与关键词的对应关系;最后对所有关键词进行重组,从而建立关键字与页面直接的对应关系。网页分析是整个网页处理中最重要的环节,包括网页正文信息的提取、切词、建立关键字索引列表及关键字重组这几个重要的步骤。结果形成了一个关键字对应多个原始页面的关系,即形成了与用户查询习惯相符的信息雏形。

3. 计算排序

任何一个搜索引擎的目的都是更快速地响应用户搜索,把满足用户需求的搜索结果反馈给搜索用户。搜索引擎对网页的排序一直是企业关注的一个问题,而搜索引擎的投票原理一直是网页排序的重要因素,从之前的外链投票到现在的用户投票,投票排序始终是关注点。能否把与用户检索需求最相关的高质量文档纳入结果排序的前面是衡量搜索引擎性能高低的关键技术之一。目前,不同的搜索引擎使用了不同的相关度排序方法。比较流行的有两类:一是超链接分析法,即一个网页被链接的次数越多而且链接的站点越权威则说明此网页的质量越高;二是词频统计法,即网页文档中出现查询词的频率越高,其排序就越靠前。此外,还有点击率法,即网页被点击的次数越多,相关度越高;付费竞价法,以网站付费的多少来决定排序前后。

三、搜索引擎营销的特点与优势

进行搜索引擎营销之前,企业主需要对中国搜索引擎营销的特点和优势做深入的了解,这样才能更恰当地选择营销平台和手段。在了解市场在更多资源将被搜索的未来,搜索引擎营销将产生更强大的影响力,搜索引擎营销相比其他的传统营销模式,更代表未来的营销方向。搜索引擎营销的实效只有实际尝试过的企业广告主才有更深的体会,这里总结并阐述了搜索引擎营销几个特点,目的就是展示搜索引擎营销成效的魅力。

(一)搜索引擎营销的特点

1. 使用广泛

搜索引擎在短短几年内就成为互联网的入口,以及用户最为依赖的基础网络服务,它在改变了人们生活方式的同时,也改变了企业的营销环境。搜索引擎营销可以引导更多的访问者从搜索引擎寻找商业网站,帮助企业广告主达成品牌传播、销量促进和流量拉动的目的。中国网络用户对搜索引擎的依赖程度,最能够直接证明网民行为的改变是搜索引擎营销的起点,有相关的调研数据显示,搜索引擎成为网民依赖程度最高的基础网络服务。这说明,搜索引擎作为网络时代的新媒体,成为人们每日工作、学习、休闲、娱乐、出行、消费时所想到的第一接触媒体,已经在用户黏性上超过了每天浏览一次类似"早报"的新闻门户网站。搜索引擎不但是互联网的入口,还是用户工作和学习的平台,是消费投资的重要参照,同时也是休闲出行的指南。由于移动设备使用者突增,搜索量也随着急剧上升。这些移动设备无处不在,更便于用户进行搜索体验。不过,移动设备空间有限,没有空间罗列包含多个链接的冗长页面,使用键盘或语言识别进行搜索更加方便,搜索框的空间总是比较充足的。

2. 用户主动查询

搜索引擎营销的兴起,源自网民行为的改变,由于互联网信息内容资源的爆炸性增长,网民依托原有的记忆网址方式和黄页网站导航方式无法更为全面地查找信息,也无法访问最新的网站。而搜索引擎的出现,帮助网民找到了互联网统一的入口,网民逐步放弃了原有浏览方式,转变为通过搜索引擎的关键词查找感兴趣的内容,直接单击搜索结果,跳转到感兴趣的网站上。即便网站的目标不是在线销售,也必须让消费者能够找到,以便了解产品信息,下载信息或者找到实体店铺的位置。除了消费者使用搜索这个原因,将搜索纳入营销组合的另一个原因是与其他形式的营销相比,搜索营销的花费更有价值。与其他网民相比,搜索用户更有可能成为消费者,因为搜索行为会透露出消费者的兴趣,仅仅因为这样,就能节省在其他营销模式中花费的资金。所以说搜索是一桩合算的买卖,相对于点击条幅广告的用户来讲,搜索用户更有可能成为网站的访客,因此吸引搜索访客是比较恰当的做法。

(二)搜索引擎营销的优势

1. 容易获取潜在客户

善于利用和分析搜索数据和信息就很难发现潜在用户就在哪里,而搜索是获得潜在用户的重要途径。任何形式的营销都能够获得潜在的客户,这是营销之所以存在的原因。搜索引擎营销是营销技巧中比较特殊的,在搜索营销中,当搜索用户打开搜索引擎时,他们希望的是能够收到营销信息。目前,并不是所有的搜索都具有购买意图,但大部分是潜在的购买,而企业就具有销售的机遇。不仅仅只有搜索用户才是潜在的消费者,他们在搜索框中输入的信息也能够反映出他们所在的购买阶段,对于不同的搜索,企业应该使用不同的营销信息以适应消费者的购买率,购买率是将匮乏的营销预算投入搜索的最根本原因之一,这其实很简单,潜在的消费者在线,通过搜索购买产品,企业网站要做的是必须能让具有购买意图的搜索用户找得到。

2. 行业竞争性强

搜索引擎营销的最大的障碍是竞争对手,因为搜索引擎营销已经成为大大小小的企业营销的必备,企业各显其能,充分利用自己优越的资源条件来发挥品牌名称的自然优势进行营销。并且,竞争对手越来越复杂,自身的优势在不断减弱。或者更糟糕的是,原本仅在少数地区性市场上开展业务的中小企业,目前要面临着来自其他地区或国家的竞争,在互联网出现之前,公司要打进海外市场,需要通过出口商、授权商、合资企业或者全资子公司在市场上立足。现在,但互联网能帮助企业将产品直接销售给顾客,不分国家地域。其他地区或国家的企业无法分享的蛋糕,现在他们可以分食,摊薄利益。越来越多的市场营销人员认识到了搜索营销的作用,纷纷上马,搜索引擎营销给越来越多的企业带来利润的同时,也使企业的数据信息在自然搜索结果中获得靠前的排名越来越难,同时,由于企业不断提升价格,使付费搜索营销的费用越来越高。机遇与竞争并存,企业可能需要应对来自其他地区的竞争对手,但同时也可以在新市场寻找新顾客。

3. 投资回报率高

除了消费者使用搜索这个原因,将搜索纳入营销组合的另一个原因是,与其他形式的营销相比,搜索营销的花费更有价值。与其他网民用户相比,搜索用户更有可能成为消费者,因为搜索行为会透露出消费者的兴趣,仅仅因为这样,就能节省在其他营销模式中花费的资金。但之所以说搜索是一桩合算的买卖,还有其他一些原因。某些搜索技巧从搜索引擎获取流量不需要支付费用,因此这可能是最有效的营销模式。即便是搜索广告费用,也只是需要向进入网站的消费者支付费用,不像其他形式的广告,需要按广告展示付费。在所有线上线下营销手段中,搜索引擎营销的单价最低,而性价比最高。营销软件公司 HubSpot 发现,与其他营销模式相比,搜索引擎营销的用户转化效果是最好的,而它的花费却比其他推广式营销低。调查结果显示,超过 35% 的市场营销人员指出,付费搜索是开发潜在用户最有效的方法,其效果是其他营销方式的两倍。

4. 搜索引擎营销更加适应网络服务环境的发展变化

随着搜索引擎服务更为普及,搜索引擎用户的年龄结构、收入结构和学历结构有了明显的改变,显著的特征是用户的年龄有所增长、收入水平有所提高,最早使用搜索引擎的用户成了社会的消费主力群体和企业营销的决策群体。这使得搜索引擎摆脱了最初的娱乐化产品的内涵,而向着服务于企业贸易、服务于消费者购买决策的方向发展。但是,用户的主观意愿决定搜索需求,进需能够左右企业的品牌形象和销量。

搜索引擎营销不但在现阶段是实效最优的营销方式,同时在更多资源皆可被数字化的未来,依然将承载信息入口的作用,在未来将会是更为重要的营销渠道。企业广告主在搜索引擎上的营销投入,不仅应考虑当前短期广告效果的实现和销量的提升,还应着眼于搜索引擎未来的发展。在未来,搜索引擎将一切可以数字化表征的事物和精神纳入搜索范围中,更多资源都可被搜索,搜索将无处不在。因此,企业广告主当前在搜索引擎的营销投入,在未来会获得超值的回报,搜索营销就等于未来营销。

以上这些都是搜索引擎营销的先天优势,而线下营销无法量化管理和控制,大部分线上营销手段也无法精准定位受众,因此从实际效果看,搜索引擎绝对是投资回报率最高的营销手段。

四、搜索引擎营销现状及发展分析

(一)我国搜索引擎营销的发展历程。

在 2003 年左右,中国出现了第一批搜索引擎营销先行者,他们集结在一起分享搜索引擎营销的经验。2004—2005 年,搜索引擎优化技术得到了广泛的传播。从 2005 年下半年开始,由于搜索引擎算法的改进,搜索引擎营销行业随即掀起一次空前的大洗礼,滥竽充数者在这场竞争中被无情地淘汰,整个行业得到了一定的净化。中国搜索引擎在 2007—2009 年间取得了飞速的发展,创造了一个又一个里程碑,这标志着中国搜索引擎市场正步入全面繁荣期。自 2009 年开始,搜索引擎营销行业开始逐渐地朝着正规化、规模化的方向发展,涌现出不少实力强大的服务提供商,更多的人开始正确地认识和对待搜索引擎营销。2009—2012 年中国搜索引擎的用户规模持续增大。2013 年,随着搜索引擎技术的不断改进与完善,搜索引擎营销逐渐回归本质,以提高网站的用户体验为基础,最终达到提高企业网站搜索引擎友好性的目的。到了 2019 年,中国的网络用户平均每天访问搜索引擎的平均次数已经超过 3 次,搜索引擎成了网民依赖程度最高的基础网络服务。这说明,搜索引擎作为一个网络时代的新媒体,成为人们每日工作、学习休闲、娱乐、出行、消费时所想到的第一接触媒体。

(二)我国搜索引擎营销的发展趋势分析

1. 搜索引擎营销服务深度增加

搜索引擎的出现,为企业市场营销开启了新的时代。搜索引擎当前的发展现状和未来的发展趋势,反映出搜索将成为覆盖率相对较高的主流媒体,印证着受众的品牌认知进入了"搜时代"。

2. 搜索引擎营销得到广泛认同

在使用搜索引擎的用户中,存在为数众多的以商品和购物为目的的用户,这批用户使用搜索引擎对目标商品进行价格比较、品牌和产品详情了解。当企业建设网络零售平台之后,搜索引擎为零售平台不仅仅贡献了流量和用户,更是能够带来实际的购买和销量的提升。

3. 搜索引擎营销渐成营销战略组成部分

搜索引擎产品的创新和盈利模式使得中国搜索引擎平台在服务功能和搜索内容方面都取得了大幅的升级,直接带动了搜索引擎商业价值的提升。从服务功能看,搜索引擎既具备新闻传播价值,又有为企业用户提供服务的功能。搜索引擎完善自身作为交易平台的价值,为商业交易提供了可能。在未来,搜索引擎服务功能还会继续增强。

4. 搜索引擎营销服务紧贴民生

对网络零售商而言,了解用户的购买决策流程以及在各个环节所使用的信息获取工具是尤为重要的。如今,搜索引擎已经成为消费者购买行为最主要的信息获取工具,因为用户可以通过关键词直接描述商品名称和特征进行比价、查询,还可以社区论坛上进行讨论,而搜索引擎与社区的紧密结合也让消费者对搜索引擎的依赖加大。

第二节　搜索引擎营销的运作

搜索引擎营销是一种业务和技术的组合。要成功执行搜索营销计划,就需要掌握相关技术,并在团队中遵循良好的业务程序。近年来,搜索引擎营销已经变得越来越复杂,需要团队中各部门相互协作。对于企业来说,本节内容非常重要,可以帮助企业掌握搜索营销技巧,使企业顺利高效地运行。运作搜索引擎营销的方法包括搜索引擎优化(缩写为 SEO)、竞价排名、精准广告以及付费收录等关键步骤,要做好搜索引擎营销的运作,可以归纳为七大环节。

一、创建搜索引擎友好的网站页面

创建一个符合搜索引擎提取页面的网站是进行搜索引擎营销的基础,而创建网站的第一步就是策划网站,策划方案需要计划得详细、全面,主题内容、栏目设置、框架结构、盈利模式等因素都需考虑在内,否则实际制作时还需要大量的调整和修改,产生时间和资金的浪费。主题是网站的灵魂,只有明确了主题,才能做到纲举目张,各栏目设置才有章法可循。主题和栏目是骨架,页面和应用程序是血和肉,围绕主题和各栏目的特色,根据自己的需要,选择不同的工具和软件,制作出相应的页面。

当企业或公司创建网站的时候,首先要考虑是选择服务器,这与盖房选址一样重要。要选择运行速度快、稳定的服务器,还要考察服务器提供商的技术支持和服务水准。

现在的企业网站形式与内容越来越新颖与丰富,包括组织架构、理念与文化、产品与项目、经典案例等等,是内容与服务的整合,因此在搜索引擎的子频道中出现了更多的营销手段,越来越多曾在门户媒体上出现的营销方式逐步转移到搜索子频道上来,例如全流量广告、通栏广告、对联广告等,除此之外,还出现了结合用户在搜索平台上的浏览行为定向跟踪目标受众的广告形式。

对于企业自己创建的在线商城而言,应该建设属于自己的消费者沟通平台,营造真实的沟通交流和分享的良好激励机制,鼓励消费者将真实的感言发表在官方在线商城上。当在线商城的讨论极为热烈时,消费者搜索商品评价时会在搜索引擎自然搜索结果的前列发现这些评论,并想详细了解具体情况,就自然而然地产生了对商城的访问行为,继而会产生购买行为。网上商城的社区平台是搜索引擎营销的重要"看点",通过社区建设,提升自然搜索排名,吸引用户购买并以赠送积分或优惠券的方式鼓励其分享心得,以达到其向朋友推荐的效果。

二、确定目标搜索引擎

在不同的搜索引擎中,广告展示的位置及方式会有所区别。经过多年的发展与优胜劣汰,中国各个搜索引擎都在谋求差异化发展,规避同质化竞争,因此各个搜索引擎之间在品牌上、产品上和受众构成上,都体现出明显的差异。

搜索引擎的差异决定在其平台上营销手段的差异,受众构成的差异决定了广告主投放选择的差异,正因为有差异,才会有各种不同的营销策略产生。在搜索结果页面中,广告信息是夹杂在用户搜索结果列表之中的,表现为向用户建议与推销的搜索结果的联想与延伸。如果广告信息吸引了用户的注意而被点击,这就是一次成功的营销,需要根据用户点击广告的次数来支付广告费用。在搜索结果页面的广告中,广告质量越高,广告点击率越大,广告着陆页与关键字相关性越强,排名就越靠前,也就能向越多的潜在用户推销其产品(或服务)。

此外,搜索引擎看到的同用户通过屏幕看到的页面是完全不同的。企业确定某一目标搜索引擎就需要研究它的抓取规则和执行指令,并根据这些规则设计页面内容,这个页面既能实现向用户推销的目的,又能保证被搜索引擎找到并读取。

三、协调搜索关键词

网站的关键词可以按照搜索请求量的规模和关键词组内关键词数量的数目划分为"重头关键词"和"长尾关键词","重头关键词"一般是用户经常搜索的与品牌相关的"品牌词"和与商品种类相关的"类别词",以荣耀手机举例,其品牌词是"荣耀",而类别词是"手机";而"长尾关键词"一般是与商品名称和特征相关的"专业术语"和结合用户购物需求的一连串"词句",例如"华为荣耀 Mate 40 Pro 全网通 5G 版智能手机"和"能在华为自营电商平台买最新款的华为 Mate 40 Pro 智能手机"。当然重头关键词和长尾关键词不是截然分开的关系,其中有介于两者之间的词组存在,存在一定的过渡。

为了增加被搜索引擎抓取的机会,每一个网站都会设置海量的关键词,但效果却事与愿违。因为关键词不是多多益善,不能滥用,否则会受到搜索引擎的惩罚与舍弃。要将搜索引擎的抓取规则、用户的搜索习惯和喜好、自己产品的价值和卖点进行综合考虑,来决定做关键词的类型和梯队,协调搜索关键词需要从 4 个方面思考和权衡:搜索量、竞争程度、客户价值、经营价值。

广告主可能会有上万级的关键词投放,因此关键词选取与管理应该按照四步走方式(图 2-2)有条例有步骤地展开。

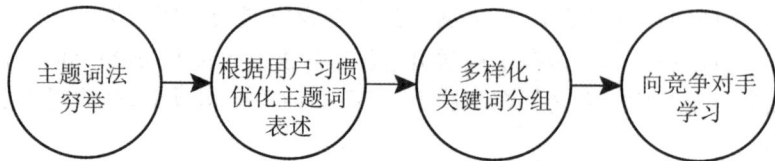

主题词法穷举 → 根据用户习惯优化主题词表述 → 多样化关键词分组 → 向竞争对手学习

图 2-2　关键词选择四步骤

顾客就是上帝,所有销售和市场营销活动都从客户或市场细分方面开展。而且,以受众为中心的网站可以有效地与客户进行交流,调整营销信息,使它适合每一位顾客的特殊需求。搜索引擎营销是互动营销,因此必须根据用户对品牌和产品认知情况的变化、消费需求和行为的变化,实时更新优化,当然这些优化同时能为企业线上和线下的其他营销活动起到决策支持作用。

四、管理竞价排名

竞价排名就是指以竞价的方式拍卖搜索结果排名的行为,搜索排名靠前非常重要,因为关键词排名越靠前,可能得到的点击率就越高,排名第 1 的关键词有可能得到 70％的点击率,而排名第 10 得到的关键词点击率可能都不足 1％。竞价排名被认为是即时交易和直接营销之间的桥梁,大部分的付费搜索都需要与其他搜索营销进行竞价,为网站赢得最佳的展示位置。目录中的每个词都非常关键,都会影响到广告是否会获得点击。

付费搜索和自然搜索之间最大的区别在于企业可以在不同的搜索引擎上分别放置广告。因此,投放在 A 搜索引擎的付费搜索程序中的关键字不会进入 B 的付费搜索程序系统中去。尽管如此困难,但从付费搜索入手还是比从自然搜索入手容易操作得多。

毋庸置疑,企业需要付出的巨大努力(包括时间、人力投入和资金技术支持)去改进网站才能获得自然搜索流量,才能享受到自然搜索带来的丰厚回报。付费搜索看起来好像要容易得多,选择关键词、付钱,马上就会获得第一位的展示位置。

使用付费搜索最大的好处是可以控制成本,企业可以自主决定购买多少个关键词,同时还可以自己把握每次点击支付的费用,随时可以灵活调整,从而能够控制和编制自己的预算。

竞价排名可以更准确地定位受众,产品搜索可以分离出具有购买倾向的交易型搜索用户,而付费搜索广告可以识别出搜索用户的特征,并且可以控制付费搜索结果中要呈现的内容,进一步限定搜索用户,仅让"正确的"搜索用户进入网站。

付费搜索是目前最灵活的广告形式,可以及时感知到发生的变化,在付费搜索中,企业可以停止购买脱销产品的关键词,可以从产品搜索中删除该产品,及时反馈价格的调整,也可以在旺季增加投资,而在淡季减少投资。而且,企业还可以时时了解投资收益,每天进行更改,以增加盈利。

竞价排名是一个异常惨烈的战场,这是因为公司时刻都在为争取有利位置而不断竞争。付费搜索适用于稀缺关键词。如果两个竞价者决定争取某个关键词的第一排名位置,在若干钟头之内价格就会飙升。随着越来越多的搜索营销人员开始进行付费搜索排名竞价,价格越来越高。每个关键词只有唯一的排在第一位的搜索结果,想要获取这个排名的竞价人数越多,竞价金额就会越高。

五、优化网站(SEO)内容

企业网站的服务器可能是同一个,应用的程序和技术可能类似,但是内容和产品却是独特的。换句话说,内容是网站保持独特性,从众多企业网站中脱颖而出的关键。搜索引擎营销既着眼于优化登录页面本身，也改善了自然搜索和付费搜索的搜索结果。

SEO 是 Search Engine Optimization 的缩写，中文意思是搜索引擎优化。根据操作的意图，SEO 又被称为"网站优化"或者"搜索引擎最优化"。通过 SEO 可以了解搜索引擎在找什么，以及如何针对它来优化内容。要准确记住搜索引擎在找什么，还要同时以访客为中心编辑内容，搜索内容优化过程的每一步都建立在上一步的基础之上，从优化流程来看，有些步骤需要反复进行，例如，不断更改内容，查看排名，直到得到需要的搜索结果。

不能把 SEO 简单地理解为网页优化，它受网站的专业水平、功能结构、推广策略等多种因素影响（当然网站内容也是其中的一个因素），是一个复合性的工具。只有各种因素存在合理并且配制平衡，SEO 才能发挥出它应有的作用。SEO 作为搜索引擎营销的一种战略手段，需要把网站的各个部分整合起来，而不是一盘散沙，只有首要遵循搜索引擎的逻辑去排兵布阵，保证网站的构成部分在合适的位置正常运转，才能达成设立的目标。

SEO 能在与关键字广告的竞争中脱颖而出，受到广大客户的追捧，必定有其魅力所在。作为主要的搜索引擎营销方式，SEO 除了具备搜索引擎营销的优点外，还有以下独特的优势。

(一)运营成本低

从某个角度上看，SEO 是一种"免费"的搜索引擎营销方式。对于企业来说，成本主要来自从事搜索引擎优化员工的薪酬或雇用专业搜索引擎优化公司所花费的费用。

(二)具有持久性

一般情况下，采用正规方法进行优化的网站，排名效果会比较稳定。除非搜索引擎算法发生重大改变或者强大的竞争对手后来居上，否则不会有太大的变化。

六、确定评价标准

89％的在线网民都使用搜索引擎寻找品牌或产品的信息。尽管潜在的消费者在线，并通过搜索购买产品，但网站必须能让具有购买意图的搜索用户找得到。打开一个权重高的网站，会发现它与许多相关网站链接，这些链接的网站一般也都是比较优质的。反过来看，如果一个网站没有链接其他网站，或者只有单向链接，没有与相关的优质网站形成互链，那么这个网站并不受欢迎,被搜索引擎抓取、用户点击的概率也很低。所以,被链接或者互链是评价网站搜索引擎营销优势的一个标准。

任何对公司营销业绩起关键作用的环节都要被评测,搜索引擎营销也不例外。如果按时跟踪关键词评测,它们会提示你搜索引擎营销成功需要具备的因素。评测会在问题出现时帮助明确问题,并帮公司做出正确的行动,但评测指标也有其他方面的价值。战略性地利用不理想的评测可以激发外围团队做事,也可以促使行政部门批准更多搜索营销活动来纠正问题。分享成功的指标可以证明搜索引擎营销有能够实现同样目标的价值。因此,无论评测结果是好是坏,都能改善搜索引擎营销。当前搜索引擎的广告系统已经向广告效果的透明化进化了一大步,已经能够为广告主提供便捷的效果评估。

七、计算搜索结果转化

搜索引擎营销的基本目标是吸引更多搜索用户访问并转化更多访客,搜索引擎营销的价值是产生更多的访客转化。

当用户使用传统搜索引擎进行购物搜索时,会发现搜索引擎返回的搜索结果和自己的购物心理有很大的偏差,其呈现的信息已经按照搜索引擎自身的规则进行了排序。用户在信息排序调整上的权限很小,只能被动接受,垂直搜索引擎应运而生。

垂直搜索引擎是搜索引擎的一个有针对性的分支,是对网页库中的某类专门的信息进行一次整合,定向分字段抽取出需要的数据进行处理后再以某种形式返回给用户。垂直搜索是相对通用搜索引擎的信息量大、查询不准确、深度不够等提出来的新的搜索引擎服务模式,相当于是搜索引擎的私人定制。其特点就是"专、精、深",具有行业色彩,相比较通用搜索引擎的海量信息无序化,垂直搜索引擎则显得更加专注、具体和深入。

到底什么样的转化率可以接受,正确做法就是达到行业的平均值。跨越生产线,转化率就会有大幅变动,这些变动都会出现在同行业的平均数中,或许一些产品的转化为4%,其他产品的转化低于1%。此外,品牌关键词的转化率往往会远远高于非品牌关键词。评估成功的另外一个标准就是将现在的转化率与过去的对比。转化率时刻在提高或者可能不是全线提高,但总体是提高的,也会看到每个产品线的转化率也在逐渐升高。

第三节　搜索引擎营销策略与价值体现

一、搜索引擎营销策略

在介绍搜索引擎策略时,一般认为,搜索引擎优化设计主要目标有两个层次:一是被搜索引擎收录,二是在搜索结果中排名靠前。

搜索引擎非常复杂,并且经常发生变化。搜索引擎的排名算法是制定搜索引擎营销的策略的核心。但是搜索引擎永远不会透露真相,几乎无法完全摸清它的规律。也许两个企业营销技术人员用两个不同的搜索引擎进行测试,对某个搜索引擎合适的对另外一个未必合适。

营销策略的制定会影响到网站曝光的运用与营销动线的规划,例如一个企业进入互联网到底是要作 B2C 还是要作 B2B,关键词的选用就有所不同了,网站动线呈现的焦点项目也不同,不少企业网站总想一鱼两吃,往往反而两吃都搞得难以下咽,究其根本原因在于企业主本身对网络营销有误区,作了不适当的营销策略。因此,无论是企业主还是高管都需要系统地认识和了解互联网,这样才能制定出最适合的搜索引擎营销策略,有效并正确的执行后在提高网站的实质效益将能看到明显效果。

(一)根据广告投资回报率制定搜索引擎营销预算

企业广告主对广告预算的设定越发科学合理化,并不断地追求广告效果最大化,对网络广告的投入产出更加关注,甚至将广告的投资回报率作为事后评估手段和预算划拨的前提。搜索引擎营销得以在中国发展的原因是因为有越来越多的企业的关注与投入,而吸引这些企业的原因也就是搜索引擎营销的价值一是因为其投资回报率最高,实效最优。

企业广告主对营销预算的理性化支出配置,使得符合精准营销理念、有效果数据作为支撑的搜索引擎营销崭露头角,同时,也推动了搜索引擎营销向着更加透明化和科学化的方向发展,推动了搜索引擎营销手段的变革和服务模式的演进。可以说,广告主投放的理性化和对回报率的追求成为推动搜索引擎营销市场发展的动力。

对于营销预算较为充裕的企业而言,为搜索引擎营销特设新预算,并维持在其他营销项目的投入,能创造最为完整的营销方案,效果也是最佳的。但是,随着当前经济形势出现波动,大部分企业面临着营销预算不足的困境,因此建议广告主准确评估在各项营销项目上的效果和回报情况,将投资回报率较低的营销项目预算划拨到搜索引擎营销项目中,增进整体营销活动的投入产出。

在未来,广告主对于营销预算的合理化配置还会继续影响未来搜索引擎营销市场的走向。由于搜索引擎进入到与网络零售平台和社区互动平台紧密结合的状态中,因此广告主在搜索引擎这一网络入口媒体上投放的广告,将更为追求全方位展现效应,不仅出现在结果列表中,还会出现在社区、购物平台和子频道中,因此"广告位"这一概念将逐步模糊化,不再是"预设"广告位,而是"广告最应该出现在哪个位置就出现在哪个位置"。

(二)品牌搜索带来流量红利

搜索引擎作为品牌认知第一入口,为企业市场营销开启了新的时代。搜索引擎当前的发展现状和未来的发展趋势,反映出搜索将成为覆盖率相对较高的主流媒体,印证着受众的品牌认知进入"搜时代"。

总结历年搜索引擎广告占中国整体网络广告的比重变化情况,搜索引擎占总体市场规模的比重不断增加。

从当前广告投放看,搜索引擎相比综合门户、行业垂直网站以及新兴的视频网站和社区网站,占整体市场的比重是最大的,从用户行为看,搜索引擎已经成为主流媒体工具。

大多数用户在产生商品和服务的需求时,他们首先会使用搜索引擎对目标商品进行价格比较、品牌和产品详情了解。当企业建设网络零售平台之后,搜索引擎为零售平台不仅仅贡献了流量和用户,更是能够带来实际的购买和销量的提升。

潜在消费者对搜索引擎的依赖程度促进了搜索引擎对其他网络服务的"流量贡献"提升,由此可见,搜索引擎对互联网流量产生强大的导入作用。

(三)制订搜索引擎营销计划及范围

在学习了搜索引擎的工作原理及搜索营销的价值所在的基础上,就可以着手制订搜索引擎营销计划,并从以下三个简单的步骤开始行动:制订搜索营销策略→推广搜索营销提案→实施搜索营销计划。

制订了搜索营销计划还需要确定营销范围,每个企业在大的方针指导下决策自己的行动以及如何分配资金。首先分析企业所处的行业类型,这样做是为确定搜索营销计划的范围做准备。有效的做法是可以将搜索营销计划范围考虑得宽泛一些,但是在单个的广告系列中仍然需要从小处着手,对比分析一下哪种方式对企业更有实践意义。

公司的规模也会影响对计划范围的决策。公司规模越大,越难制定搜索营销计划。大型的网站会面临很多技术问题,公司的复杂性也会让工作变得更加困难。同样,选择的计划范围越大,获得批准的时间越长。如果是产品导向型的公司,技术团队比较集中,那么企业可以在整个网站中实行自然搜索。考虑清楚企业现在的情况,选择适合的计划范围。

(四)团队合作与分工

成功的搜索引擎营销需要做特别专业的工作,不能指望企业的每一位员工都无师自通掌握搜索营销,管理者也无法基于个人的纯粹力量执行企业的计划,而需要进行组织,需要组建团队。

开始进行搜索营销时,核心的搜索团队为网站做策略、撰写内容、创建页面、设计应用程序等等。同时,企业必须充分调动每一份参与进来作为外围搜索引擎营销团队,必须说服每一位员工在自己的工作日程中添加上搜索营销任务。

组建起团队协作机制的同时还需要做好分工,需要仔细规划哪些是核心工作,哪些工作需要外围搜索团队负责。在不同场景中,外围搜索营销团队的同事并不知道自己属于外围搜索团队,或者他们不清楚自己需要做什么,而作为核心团队中的决策者则需要激发每一份子的积极性和创造性,让他们做正确的事。

(五)搜索引擎营销与线下营销的协调

企业在进行品牌营销时,应该把搜索引擎营销作为整体营销手段的一个环节,与线下营销手段相互呼应,达成相互促进的效果,既不能不运用搜索引擎,也不能仅仅依赖搜索引擎关键词。最明智的做法是在搜索引擎上采用不同的关键词广告投放策略,与线下活动组合出不同的搭配方式。

从实际的效果看,将搜索引擎关键词购买与线下活动主题相结合,使得效果更显著。反之,线上的搜索引擎营销与线下的推广活动没有有机地结合,各自为战。如果搜索引擎营销的目的是对线下活动的推广和宣传,那么线下活动应该有明确主题和代言人,如果缺乏"指代词",而仅靠描述性的"有奖活动"是无法提升受众品牌印象的。

以上仅仅是提示企业广告主在搜索引擎营销上要注重策略的选择,而不同类型的广告主,例如大企业、中小企业、网上零售类的企业,搜索引擎营销的手段和策略是有差异的,根据广告主的类型和营销目标,分门别类地制定不同的营销手段与策略,给企业的市场营销部门予以启发。

(六)使用链接提高网站排名

几年以前,只要网站在搜索引擎注册了就会被收录,或许还会获得先前的排名。现在,搜索引擎采用指向网站的链接来作为判断网站是否匹配的重要因素。并且认为,如果网站获取的链入越多,相当于其获得的投票越多,那么网站的排名才越靠前。如今仅向搜索引擎提交网站无法保证网站被收录,更不能保证该网站获得好的排名,链接是无比重要的,企业可以通过使用链接提高网站排名。在很多情况下,链接意味着网站是否被搜索引擎收录或者不被收录,是取得较好的排名还是不好的排名。

搜索引擎根据链向某网页的链接分配一个网页级别值给网页,即 PR 值(Page Rank)。这个值是根据链向网页链接的数量和类型做出的评估。链接非常有价值,能够帮助网页提升在搜索引擎中的排名。来自网页内容相关度高的链接要比相关度低的网页更具有价值;来自网页 PR 值高的链接要比网页 PR 值低的更具有价值;所有链向网页的链接都会有贡献的,即使它的 PR 值非常低。网页的链出链接越多,PR 值贡献就越少,因为 PR 值被分摊了;当链接包含关键词的时候链接非常具有价值,它将会向搜索引擎提供非常有价值的信息,帮助搜索引擎做出判断,有利于网页的排名;与重要的网站接邻将会发挥巨大的能量,引起搜索引擎的格外关注。

(七)展现搜索结果

服务器在处理用户搜索请求时的方式是有规律可循的,在实际操作中还可以增加对搜索结果进行静态页面生成的处理过程,但搜索引擎会把静态 URL 指向的页面当作是静态页面。这样,既能使用数据库管理庞大的信息,又能提高页面访问速度,满足用户的需求,提高页面的权重。

搜索引擎知道哪些内容匹配以及它们的排名情况后,就需要将它们展示在搜索结果页面。每个搜索引擎展示搜索结果的布局都略微有所不同,但是都十分相似,都会把自然搜索和付费搜索结果混合展示。大多数搜索引擎通过视觉效果以及它们在页面的位置来区分自然搜索结果和付费搜索结果。

所有搜索引擎的自然搜索结果都大同小异,都使用页面的标题,然后有一小段概述一对包含搜索项页面内容的描述。搜索项通常显示为粗体,吸引搜索用户的眼球。网页只要内容真实有趣,并且合理嵌入有效关键词,那么在搜索结果中就多了一次被用户发现的机会,反之,如果网站内容匮乏,除了公司简介、产品简介之外,再没有可以发布的其他内容,就算在用户的搜索结果列表中,也不会吸引用户点击进入。

二、搜索引擎营销的效果评估(价值体现)

前文解答了企业如何进行搜索引擎营销,那么,企业到底为什么要进行搜索营销吸引搜索流量呢?对于这个问题,每个企业情况不同会有不同的答案,因为每个网站本质的目标是不相同的,而且这个目标需要搜索营销工作的鼎力支持。本节将从搜索营销计划的商业价值方面进行讲解搜索引擎在网络营销中的作用与价值体现。

(一)网站推广工具

许多企业网站存在的价值只是为了提升品牌形象,可能会侧重于竞赛、测验、游戏或其他能与访客互动的方式。但某些市场推广网站正在发生一些微妙的变化,网站的首要任务是宣传,无论要达到什么宣传目的,搜索策略的重点都要放在导航型搜索。

(二)提升网站流量

对于自有网站的企业广告主而言,流量就是生命线,通过搜索引擎营销带动流量提升是最为关键的。广告主认为搜索引擎营销起到作用的三大衡量指标是提升了流量、提升了转化率以及提升了点击率。结合上述的营销目的来看,以品牌传播、销量促进和流量增进为主要目的,流量促进则以流量增长和点击率体现。

(三)网络品牌传播渠道

告知人们信息是网站最基本的目标,在这个"内容为王"的时期,许多网站仅仅是作为一种媒体形式出现,这些网站存在的目的是提高母体的市场认知度。但信息和娱乐网站本身就可以作为最终目标,其存在就是为了提供某个特定主题的相关信息。信息和娱乐业务可能是基于广告利润和订阅付费的结合,内容并不是对大众开放的。许多网站会向大众提供免费的内容,但"付费产品"仅为订阅人提供分析、工具或详细的内容。

(四)产品网络推广工具

改变消费者对某个问题或行为的看法逐渐成为网站的主要目标,这些信息导向网站存在的目的不是赚取利润,而是劝说人们采取行动。目前,网站迅速成为影响公众意见的工具,成为指导人们进入网站了解更多信息的工具,这些网站的目的是劝说人们接受某个观点,将重点放在最能吸引访客的词语上。对以促销为目标的企业而言,评估线上和线下销售额的变化和受众购买意愿的变化是衡量营销效果的关键。

(五)竞争对手制造网络推广壁垒

由于搜索引擎营销可以购买竞争对手的品牌和产品关键词,因此对竞争对手可以起到抑制作用,将本应属于对手网站的流量"抢夺"至本企业网站,并据此评估对手网站的流量。

搜索引擎营销是最重要的新媒体营销手段之一,但是孤军奋战打不了胜仗,需要其他营销方式配合,达成一致的目标,并且互相合作取得最终的胜利。

第三章 "三微一端"营销

现阶段,微博、微信、微视频以及手机客户端已经成为人们获取信息的主要渠道。这些新媒体传播方式在给传统媒体的发展带来很多挑战的同时也给传统媒体的发展带来了新的机遇。要想抓住机遇、实现成功营销,就需要抓住这些新媒体的特点,要积极地与"三微一端"实现有效联动,这样才能更好地满足消费者的需求。

第一节 微博营销

微博,是一个基于用户关系的信息分享、传播以及获取平台,用户可以通过 WEB、WAP 以及各种客户端组件个人社区,以不超过 140 字左右的文字更新,并实现即时分享。作为一种用户使用量强大的社交媒体,微博具有五大基本交流工具,即发布、转发、评论、私信、艾特。对于普通网民来说,只要在微博中参与交流、分享乐趣就足够了;而对于希望用微博融入社会的企业和个人来说,则应该对这些微博的五大基本交流工具做到细致的理解,并深入挖掘其背后的意义,做到这一点才能更好地利用微博。

一、微博的特点

(一)便捷性

在微博出现之前,互联网上的主流社会化媒体是博客,但是博文的创作需要考虑完整的逻辑和不短的篇幅。这对于一般网民来说,确实负担不起。但微博出现后,在微博上,140 字的限制让更多想表达却因羞于文字水平低而在互联网面前望而却步的普罗大众敢于在众人面前发微博、写评论,展示他们别具一格的才华。

(二)即时性

微博的出现使得信息的传递和接收更加即时,使人们能够更方便地表达自己,更方便地获取信息。微博用户可以通过手机、iPad等移动终端来即时更新自己所掌握的信息并搜索自己想了解的最新信息,相较于电视、广播等传统媒体的时间滞后性(现场直播除外)、地域限制性,微博的即时性让每个人都有机会成为新闻记者,对自己所掌握的信息进行"微博直播"。

(三)传播性

微博设有转发功能,当微博用户对收到的信息感兴趣并想占为己有时,就可以对信息进行转发,然后该用户的关注者也就是粉丝就可以看到这条消息,如果这些粉丝继续进行转发,微博的传播规模就是几何级增长,也就是我们所说的裂变传播。而且使用微博发布信息的低成本和易得性以及微博节点传播的特性,进一步推进了信息发布和扩散的速度,尤其是突发事件的信息传播,微博储藏着巨大的力量。

二、微博营销的价值

微博是社会化媒体中的社交平台之一,其用户极其活跃,它具有内容短小、发送信息方便的优势,所以从某种程度上讲彻底改变了媒体和信息传播的方式。另外,微博的信息还可产生病毒式的传播。这些都使得微博具备极高的营销价值。对于企业和个人来说,微博的营销价值主要体现在以下四点,即品牌传播、客户关系管理、市场调查与产品开发推广、危机公关。

(一)有利于品牌传播

近年来,随着企业对营销战略的升级,微博已成为孕育各类创新营销的沃土。企业借助微博,快速聚合用户关注度,持续提升品牌知名度;与用户形成情感共鸣,提升品牌好感度。微博可以帮助企业和个人进行品牌传播。微博与尼尔森联合发布2018年《微博营销品牌影响白皮书》。该白皮书采用尼尔森自主研发的全球性广告效果评估体系,详细研究了微博社交平台对各品牌营销的助力,旨在探寻微博独特传播属性优势,为各行业营销策略提供重要数据支持及指导。

企业如果想利用微博这一平台进行传播,就先要建构出微博的信息传播模型。微博的信息传播模型可以概括为"微博传播=人+情绪+行为"的三元平衡。

（1）人指的是找对意见领袖和忠实粉丝。东方航空公司曾邀请旗下200名空姐"凌燕"团队集体开微博。每一位空姐都建立了自己的粉丝群，并且就话题展开互动，使话题更个性化，这种群体微博可以提高话题的广度和思维的多样性。

（2）情绪是为用户进行信息传播制造的理由。例如，为一个钻石品牌做整合营销传播，在微博里发布关于"爱"的话题时，应具备最能代表品牌的正面的信息、拥有话题性、与每个人沟通无障碍、具有亲和力等这样几个特征。

（3）行为是引导用户创造内容。例如，通过微博举办有奖活动，网友得奖后晒出奖品，而网友拥有和企业微博不同的粉丝群体，这样无形中就提高了活动的认知度。网友的言论对其他网友的吸引力是企业微博无法办到的。再通过企业微博转发这些网友的获奖感言，也就是对活动进行了二次传播。构建好微博的信息传播模型后，企业可利用微博展示如下信息：①企业品牌形象及产品独特之处、企业文化等。②与目标消费者建立情感，听取消费者对产品的意见及建议。③在客户服务上，提供企业前沿资讯、服务及新产品信息，便于与消费者进行一对一的沟通。④及时发现消费者对企业及产品的不满，并快速应对。⑤通过微博组织市场活动，打破地域及人数限制，实现互动营销。⑥企业还可以充分利用名人效应。例如，很多出版社公司建立了微博名人推荐名单，定期给有影响力的名人送书，名人收到并看完书自然会通过微博晒书评和读后感，引导读者关注和购买。

除此之外，如果想要利用微博做品牌，细节不容忽视。简单地说，从头像上就可以很直观地体现出企业文化，用企业LOGO或是企业产品形象，抑或是企业的形象代言人，都能简单清晰地展现企业品牌内涵，从而将与粉丝之间的距离缩小。另外，微博标签是企业的关键词，如产品性质、所属行业等，这样企业就可以让用户更易搜索到。

通过在微博中发表与企业经营相关的内容，能与粉丝展开积极互动，通过微博来整合线上线下渠道，以塑造和提升企业的品牌。例如，在微博上讲述企业和品牌的故事，增添产品的无形价值，给用户带去美好的体验，激发用户对产品的好感。

当然，除了企业通过微博打造自己的品牌以外，个人也可以通过微博建立个人品牌，例如，以个人微博原创视频火爆全网的papi酱、以写作得名的冯唐、以为网友解答有关营养等各类疑难问题出名的顾中一。

（二）有利于维护客户关系

微博这个即时互动的平台已经在很多公司具备了客服功能，有些公司如中国移动、电信、招行等企业直接开通了客服专用微博账号,这体现了客户管理的重要性。微博作为一个自媒体,满足了很多人渴望自由发言的欲望,当他们对企业或产品有好或者坏的感受时,他们很容易就通过微博传递出来。在微博这个开放透明的平台上,企业要更加重视用户的声音,因为他们的行为影响的远不止一个人,而是成百上千的人。可通过微博进行对客户的挖掘、维护以及服务。

现今,越来越多的互联网企业,在用户线上购买、产品包装、物流、线上线下体验等各个环节中,特意引导用户晒单和评论分享,用户使用或体验完企业的产品或服务,会通过微博拍照分享,当然也有用户吐槽产品和企业服务的时候,这时可跟用户进行实时交流,如果企业能及时发现到产品的一些问题,便可通过微博提前告诉消费者,快速消除影响,而不要让负面的信息在人群中大量传播。微博的便捷性是电话、邮件无法比拟的。

通过微博对自己的目标客户进行一对一沟通、交流、反馈,转化他们购买或追加购买商品,这也是很多商家推广的基本策略。

在以客户为核心的商业模式中,客户关系管理强调时刻与用户保持和谐关系,不断地将企业的产品与服务信息及时传递给用户,同时全面、及时地收集顾客的反馈信息。

由于微博的传输非常高效,所以它很好地做到了这一点。智能手机拍照上传配140字微博模式极大地降低了分享的门槛,而且图文并茂,相比于电话、邮件等传统的营销客户沟通模式优势明显。同时,基于这种"微"模式,企业在进行日常正式沟通活动的同时,可以将一些生活中的"碎碎念"发布出来,从而使企业不再以冷冰冰的经济人形象示人,变得更加人性化。

此外,微博模式的客户关系管理方式也极大地降低了企业进行管理运作的成本,极低的门槛使得各种规模的企业都能够轻松地开展,为广大企业进行客户关系管理提供了新的思路。

(三)有助于市场调查与产品开发推广

企业开展营销离不开市场调查。通常情况下,企业调查消费者的需求,获取企业希望了解的分散化需求偏好信息,比如采取问卷调查、人工调研、数据购买等方式。但这些调查方式耗费的财力和人力都较大,不同的行业,效果好坏也参差不齐。然而,微博的出现,为企业提供了一个低成本、高效率的创新工具。

从微博的运作方式来看,企业在积累了一定粉丝后,通过微博进行营销和市场调查,成本是非常低的。企业只需要进行用户注册,通过实名制认证给账号加上"V"字。企业以自媒体的形式发布信息不会被收取任何费用，这样，企业就能只用投入极少量的人力就与相当范围的受众进行交流。甚至企业员工也可以注册普通的微博账户，直接以消费者的身份进行讨论，对用户反馈的有关于产品的评论进行分析和总结，从而获得普通潜在消费者的意见和需求信息。企业在进行营销活动之前对于产品的调研开发是非常重要的。

营销行为中，归根结底，最终与消费者有直接、深入接触是企业的产品。怎么样真正满足消费者的需求、了解消费者的偏爱、创造能够在市场上得到广泛认同的产品，一直是企业力所追求的。企业完全可以通过微博这种天生带有年轻和活力特质的媒介，获得最具消费潜力的用户，迎合大众的心理，以掌握产品开发的主动权。

企业通过微博获取了一批目标受众粉丝后，可直接做引流销售，为企业带来直接的收益。例如，很多企业借助企业微博发布自己产品相关的信息博文，内容中植入产品的购买链接，如果目标受众在微博链接中看到自己喜欢的产品便可直接购买。此外，有的企业还配合微博的营销工具——微博粉丝通、微博橱窗等功能进行精准投放，为产品带来更多的曝光率，从而获得更多的粉丝，让更多的人关注到产品并产生购买行为。

(四)危机公关

微博既可以推动品牌的销售，但如果运用不当也可能成为扼杀品牌的"利剑"。从目前我国微博的发展现状来看，涉及知名企业产品质量、企业信用出现问题等公众事件，一般都会迅速登上微博的热门词汇、热门转发、热门评论排行榜。根据话题进行检索，企业可以迅速了解到有哪些群体对事件高度关注，从话题中可以全面了解公众对此事件的评价和意见。由此企业能够迅速在微博上锁定危机公关的目标人群，了解危机发生的原因和经过，并据此迅速做出更有针对性的应对，引导大众舆论朝着对自己有利的方向发展。快速、有效的微博危机公关，不仅能有效地将危机降到尽可能低的程度，甚至重塑企业形象，为企业的发展带来机遇。

现代社会，信息高速发展，企业并不能预料在哪个环节上会出现问题，当事件发生的时候，微博是很好的公关阵地，当然，如果信息处理不当也会让事件反面发酵，为企业带来负面影响。

三、微博营销的模式

微博在新媒体发达的时代被称作"最具有竞争实力的蜂窝式营销阵

地"。它不仅改变着我们的生活,同时也翻开了企业营销发展的新篇章。微博营销处于摸索阶段,探析微博的具体营销模式具有深远意义。

(一)明星模式

微博是当前中国影响力最大的开放型新媒体平台,其信息传播速度之快、范围之广、影响力之大,在很大程度上改变了人们的信息获取方式。明星是微博中非常重要的一类人群,他们拥有庞大的粉丝群体,具备强大的话题引导能力,因此,现在很多企业宁愿付高额费用,也要请明星代言。

微博营销从拥有众多粉丝的明星入手,看准微博营销成本低、投放快、目标受众精准等优势,大量地涌入微博受众视野,大有泛滥之趋势。

(二)网红模式

近年来,随着社交平台、视频直播平台的兴起,一大批"网红"开始涌现,并且开始出现了网红经济这一新的商业模式。拥有庞大粉丝群体的网红通过在新浪微博平台上发布广告微博,将自己的高人气和粉丝效应形成的流量引导至其他平台,从而将自己的人气进行变现,转化为商业价值以获取利益。

2016年,papi酱迅速蹿红,被称为"2016第一网红"。2016年3月,获得真格基金、罗辑思维、光源资本和星图资本共计1 200万元融资,估值1.2亿元左右。2015年10月,papi酱开始在网上上传原创短视频。2016年2月,凭借变音器发布原创短视频内容而走红。在获得投资后,2016年7月11日,papi酱在八大平台同时直播,收获全网在线人数破2 000万,1亿次点赞,打赏累计价值90万元。

这些网红大都和商家合作,为商家进行品牌推广。其实这也是一种明星路线,只不过网红平台,是先从网络上火起来,不同于传统明星的成长轨迹。

(三)网络"大V"模式

微博是一个大社群圈子,这里聚集了几亿人,每天都有非常庞大阅读量和点击量,因此很多企业都想要在这个圈子里大展宏图。各种制造话题、包装信息,上头条等方法无所不用。但是别忘了,在微博中还隐藏着这样一类人,他们的影响力很大,一个照片,一个话题就能引发数万人乃至更多人的转发、点赞,这类人就是微博大V。

所谓的"大V"其实就是那些微博粉丝过百万,乃至更多的博主,这些人有些是明星、名人,还有些是企业家、段子手,更有些是自明星、草根达人等。

这些人由于有很高的前瞻性和带动粉丝的能力,所以在微博中稳占鳌头,成为一呼百应的大V。他们发的任意一条有见解的信息,往往就能影响很多粉丝的心。

因此,如果企业的知名度不算太高,想要在微博中快速"成名",就应该学会观察这些大V的发展动向,观测他们的微博内容的大致趋向,从中找到一些"成名"的规律,学习这种"成名"技巧。

创新工场董事长李开复可谓是标准的大V,他的微博关注人数最多时有5081万,也就是说,李开复只要发一条微博,就会立刻有成千上万人评论、转发和点赞。

(四)媒体模式:从传统媒体到新媒体

传统媒体的传播方式为单向传播,读者只能被动接收,不能参与其中,而新媒体的特征是互动,读者既可以看也可以说,而且还有可能会因为读者的互动而扭转事件的方向。微博移动端发布新闻有更大的便利性,可以随时随地获取和发布信息,形式也趋于多样:文字、声音、图片、视频、直播……等媒体的优势远远超过平面媒体,网络视频的弹幕功能也让很多媒体"脑洞大开",获得了很多创意,从而获得更多的粉丝关注,推动自身的发展。

(五)自媒体模式:个人品牌超越机构品牌

微博是建设自媒体的重要平台之一。不同的自媒体平台,往往特点不同,微博这种自媒体和博客、微信公众号等自媒体形式相比,很重要的一个区别是内容短小精悍,只需要140字。对于文笔一般、不擅于写长篇文章的人来说,这是一个不错的选择。

打造微博自媒体并不复杂,核心要点就三块:定位、内容、运营(主要是"加粉")。

定位是第一个关键点。其实从营销的角度来说,策划任何产品,定位都是关键。好的定位,要围绕以下三点进行。

(1)符合目标用户需求。

(2)和同类微博相比,有一定的差异化和特色。

(3)要考虑以后运营过程中的内容来源问题,说白了就是要想明白以后的内容从哪里来。

李开复曾经发表过一条微博,认为个人品牌会超越机构品牌。李开复提出的个人品牌将超越机构品牌的这三个理由,被广泛认可。一个成功的微博应该有灵魂、影响力与号召力,在这方面,企业微博不如个人微博更鲜活立体。所以,不少企业微博纷纷以虚拟人格出现,以拉近和粉丝之间的距离。

(六)专家模式:付费阅读和打赏收入

在微博上,汇聚着各个领域的专家,通过微博,这些专业人士的成名路径、个人品牌的塑造与传播及赚钱模式等都发生了变化。作为拥有过硬技能的人,专家们的变现相比草根,有很大的优势。微博的功能也在不断进化,打赏、付费阅读、广告收入等层出不穷。

(七)微商模式

微博橱窗、淘宝直联、寻找商机、客户服务、品牌传播……微博和阿里联手后,社会化电子商务有了更多的可能性。虽然微信对电商会形成一定冲击,不过很多商家通常是多头开花。微博由于互动性和传播性好,仍然是很多电商新品爆款推广的首选平台。转发抽奖的活动虽然老套,但是参与者仍然众多。大数据支持下的微博推荐,根据用户的搜索习惯进行筛选,能够提高营销的精准度。

四、微博营销的策略

网络时代的每一次技术变革都伴随着新的商机,从即时通信工具到论坛网站,从博客到 SNS 网站,互联网的创新推动了新商业营销模式的不断涌现。微博因其独特的信息发布方式与广泛的社会影响力而越来越受到企业的关注,微博营销做得好,有助于传递良好的企业形象和企业文化,也会促进企业的发展。在开展微博营销时,要注意以下几个方面的工作。

(一)互动营销策略

互动营销策略是指企业在微博平台上运用正确的方式,在合适的时机建立企业与消费者之间的良性互动,找到两者间的利益平衡点,从而达到企业提供满足消费者诉求的产品或服务,同时消费者依据自身需求选择商品令企业获益的目的,在拥有广泛信息覆盖面的同时,满足消费者的发声意愿。微博克服了以往传统媒介平台只有单向信息传播出口的缺点,企业可以利用它通过各种吸引眼球的话题、活动等促使用户积极参与讨论、转发、评论。可以说,微博的交互性促使其成为企业与消费者之间沟通的桥梁。

企业要了解市场需求,把握消费者动态,就需要与消费者进行直接沟通,利用微博的高效性、开放性、交互性等特点,积极与粉丝交流。"企业也可对一些具有代表性的用户留言、回复进行转发,展现企业与消费者的互动理念,拉近与粉丝的距离,提升企业亲和力。"①

互动营销的最佳实践者当属小米手机公司。小米手机从创立之初就一直坚持"手机发烧友"的品牌理念,长期保持与广大发烧友的深度互动。从发布第一款手机到小米、小米路由器、小米电视机等产品,无一不是小米坚持与粉丝用户互动交流的结果。在小米手机的官方微博上,每天都有大量的粉丝用户在与小米进行沟通交流。因此,互动是微博营销不可缺少的手段。

(二)情感营销策略

微博情感营销策略是指企业运用消费者普遍认可、信赖的人际传播优势,通过在微博平台上对目标用户进行情感分析、定位、互动等策略,挖掘、调动客户的情感需求,最终满足消费者诉求,实现营销目标。

我们知道,社会化媒体是建立在一定的人际关系链之上的,微博也具有基于人际关系的社会化传播特征,它的关注链条就是建立在相识人群、信任人群或有共同价值观人群之间的。一条微博借助转发、评论等手段可在这些具有特定联系的社交群体中广泛传播,包含在其内容中的情感因素也会随之扩散,这契合了企业进行情感营销的平台要求。

企业进行微博情感营销时,首先需要进行情感定位,确定微博情感营销主题及内容。要做到这一点,需要分析大量的消费者信息,确定目标消费者并对其需求进行准确分析,只有这样,确定的情感营销主题才能为企业吸引更多目标消费者,也更容易使其成为忠实消费者。其次,情感营销的微博内容需形成一个有独特人格个性的虚拟情感形象,文字力求亲切自然,贴近消费者。只有满足消费者情感需求的人性化营销,才会使其产生信任感。最后,企业要利用微博强大的互动特性与消费者建立长期的情感联系。通过及时回复消费者的疑问、解决产品问题等积极行为,使消费者逐步产生对企业的信任与情感,在潜移默化中形成长效营销。

(三)优质内容策略

有了微博这样一个与消费者零距离接触的交流平台,企业的负面信息与不良的用户体验很容易迅速传播,可能给企业带来不利影响。好的企业微博就像企业的新闻发言人,发布的信息更具参考价值和可信度,承载了品牌形象推广和监测的功能。所以,微博发布的内容必须是优质的,此处的优

---

① 王莞. 论企业微博营销[D]. 武汉:中南民族大学,2012.

质不是指语法、韵脚上的优质,而是指基于用户角度出发的一种考量,需要满足用户的审美和信息需求。

在进行微博内容创作时,企业需要注意几点:一是产品宣传避免单一的说教或者单向的传播,应巧妙利用植入式营销,突出消费者的感受,表现出乐于倾听和沟通的态度,尽力使文字简单、明晰、幽默、独特、口语化并带有时代特色。二是多搞互动营销活动。企业在微博上开展的活动对于消费者具有不可抵挡的魅力,要策划活动的类型和方式,改进活动的奖品或者激励措施,这样才能带来更多的关注、评论和转发,活动中如果能做到情感与"利益"(如奖品)共存,就意味着活动策划得较为完美。三是推进在线客户服务。要做到定时、定量、定向发布内容,让消费者养成浏览习惯,当消费者登录微博后,能够想着看看企业微博的新动态,只有做好在线服务才能达到这个成功的境界,因此企业要通过微博尽可能持续出现在消费者眼前。

(四)意见领袖策略

在传播学中,活跃在人际传播网络中,经常为他人提供信息、观点或建议并对他人施加个人影响的人物,称为"意见领袖"。意见领袖作为媒介信息和影响的中介和过滤环节,可以对大众传播效果产生重要的影响。微博的意见领袖策略是指企业微博通过锁定意见领袖,并引导意见领袖去讨论和传播与企业或者产品有关的事件话题,快速、广泛地影响其他大量用户,从而达到提高品牌知名度或者其他预期的营销效果。

在互联网世界,意见领袖掌握着强大的话语权,时刻影响着数以万计的"围观"群众,每个意见领袖都有自己的粉丝群,其中既有名人也有草根。此外,不同领域的意见领袖之间关系密切,一个意见领袖对某一事件的关注,很容易引发互动频繁的其他意见领袖的转发与评论,可以迅速形成集聚效应,极大地加快信息的传播速度,扩大事件的影响力。然而,企业在使用意见领袖策略时应该注意,要选取和自己品牌形象符合的意见领袖,否则会有一种生硬的感觉,适得其反。

第二节 微信营销

微信基于社交网络而诞生,是一个拥有强需求、高黏性的圈子。有了微信,口口相传有了不断的、更便捷的形式,营销也更容易实现病毒式传播,达到更好的效果。

一、微信营销概述

(一)全民微信时代到来

微信是腾讯公司于 2011 年 1 月推出的一款支持发送语音、视频、图片和文字的手机聊天软件,由张小龙所带领的团队研发。除了方便用户通信外,其还提供公众平台、朋友圈、摇一摇、扫二维码添加好友等功能,是一款方便、功能齐全的手机 APP。

相比以前通过薄薄的一封信传达朋友间的情谊、通过手机发送短短的几行文字来联络感情,现在通过微信扫一扫二维码添加好友就可以互动交流。

以前,智能手机未普及时,靠发短信、打电话联络亲朋好友,但发送的文字数量有限制,更不用说发送视频,其带来的不便不只是价格方面,彩信发送的视频压缩到 50k,对方接收到时画质也许早已改变。

如今只要一部智能手机,便可足不出户遍知天下事,通过微信发送文字、语音、照片、视频,成本几乎可以忽略不计。一夜之间,微信几乎成了生活之中不可或缺的东西。清早睁开眼,晚上临入睡,都要打开手机微信刷刷朋友圈;上班路上读两篇文章,玩两场游戏;到公司楼下微信支付买早点,朋友们兴之所至,或分享网页,或抒发生活感受,或发布美食美景。不知不觉中,微信的横空出世影响了人们的生活。

由此可见微信无处不在,在最近几年,95％以上的智能手机上安装了微信,月活跃用户达到 10 亿左右。此外,各品牌的微信公众账号总数已经超过 800 万个,使用微信支付的用户则达到了 4 亿左右,用户覆盖 200 多个国家。一个全民微信的时代已经到来!

(二)微信营销应运而生

微信营销,一个新型的互联网方式应运而生,并且不少的企业和个人都从中尝到了不少的甜头,发展前景也非常值得期待。

1. 微信营销的定义

微信营销是随着微信的逐渐普及而形成的一种全新的营销模式。它是基于广大的微信用户,将微信同营销理念进行有效结合而形成的一种网络营销方式。通过微信平台,潜在的客户可以快速获得自己感兴趣的产品信息,企业则利用微信平台推广自己的产品和企业的理念,使产品信息得到快速有效的传播,从而实现有针对性的营销。

简单来说,微信营销就是企业或个人利用微信作为营销平台,通过查找微信号或微信公众号,添加手机通信录好友或 QQ 好友等多种方式获得微信好友(每一个好友其实都是潜在的营销对象),通过直接联系或发朋友圈的方式,向关注的用户(即潜在客户)推广产品或服务的有关信息,吸引潜在客户成为真正客户,并进一步通过微信平台完成有关的交易,从而将企业产品及品牌推广给用户的一种现代营销模式。微信营销主要是指企业或个人利用微信以及微信开发出的部分功能进行企业宣传、品牌推广、产品销售等一系列营销活动。

在提到微信营销时,我们必须清晰地明白三点。

(1)微信营销是微信的衍生产品。你可以简单地理解为微信营销是以微信为载体的营销方式。微信用户可以不受时间与空间的限制,根据自身需求主动关注企业微信公众号,与企业形成紧密的联系。用户注册微信,可以通过扫描二维码、关注公众号等方式加企业为好友,订阅自己所需的信息,企业通过提供用户需要的信息,推广自己的产品。通过微信,消费者可以用最简单的方法最快地找到自己想要找的产品,而商家可以通过最简单的方式实时和消费者进行交流并进行营销。

(2)微信营销是将微信同营销理念相结合的一种方式。通过微信平台,用户可以搜索、收集自己所需要的各种感兴趣的信息,各大商家也可以根据用户的搜索情况推出相应的有针对性的产品。

(3)微信营销与传统营销模式互补。传统营销和微信营销结合是最佳的营销方式之一。

如果商家能够把消费者在店铺内实际体验到的产品在微信上进行推广,就更能赢得消费者的信赖。不管是做微信营销还是做传统营销,都应该围绕客户展开,为客户提供细心周到的服务,微信有助于营销立于不败之地。

2. 微信营销的特点

微信营销更趋近于人和人之间像朋友一样的交流,大家在交流中完成交易,而不像淘宝、微博那样带有浓重的商业化气息。微信营销最大的优势就是你可以在销售中做你自己,成为一个有个性、有感情的人,用你的个人魅力去征服别人,让他们成为你的粉丝,最终获取信任,从而达成销售。但看似新颖的微信营销其实是企业基于 F2F(Face to Face,面对面)营销、整合营销、关系营销等理论实现将企业的产品和服务向消费者展示的一种较传统营销而言更加便捷的营销方式。

(1)微信营销是 F2F 营销的一种方式

F2F 营销的特点是能够有效维持与目标客户间的沟通关系。微信营销更重视对客户关系的维护,客户通过扫描二维码或搜索微信公众号等方式关注企业进而了解其动态,企业也因此可以更加精确地定位目标客户,适时地向客户发送其需要的信息,既保证了客户接收信息的准确性,又有利于传播企业文化,提升企业形象。客户也可以及时通过自己关注的企业微信反馈自己的需求信息,实现了真正意义上的 F2F。

(2)微信营销是关系营销的一种方式

关系营销是指企业通过识别、获得、建立、维护和增进与客户及其利益相关人的关系,与客户建立起长期稳定、相互信任、互惠互利的关系,从而在与客户保持长期关系的基础上开展营销活动,实现企业的营销目标。微信是一个客户关系管理(Customer Relationship Management,CRM)磁铁,其最好的用途之一是为客户关系管理和客户忠诚度计划提供沟通交流的平台,允许更多的个人和品牌与其追随者之间进行一对一的对话。这些对话是其他追随者无法看到的,给人以更亲密的感觉,这种丰富的双向交谈,可使客户感受到企业的敬业,从而更忠于品牌。

(3)微信营销是整合营销的体现

整合营销(Integrated Marketing Communcation,IMC)强调将处理过的信息通过恰当的传播途径传播给特定的客户群体,并且保证传播信息的统一性和精确性。微信营销充分体现了整合营销的特点。首先企业通过设立公众号明确自己的潜在客户群体,然后企业可以有选择、有针对性地在自己的公众号中发布企业的相关信息,这些信息通常都是客户想要了解的或企业想要向客户展示的。

(4)微信营销是互动营销的一种方式

微信是一个功能强大的社交平台,企业和用户之间可以通过文字、语音、图片、视频等方式进行实时沟通和交流,企业可以更准确地了解用户的需求并满足其要求,这是其他营销方式所不能比拟的。

(5)微信营销是口碑营销的一种体现

微信是一种新型而又高效的社交软件,人们利用微信这个媒介进行交流沟通,因此它也为人们对企业产品的评价提供了一个开放的平台,用户在决定是否购买产品时会参考微信及朋友圈中的评价,所以这对于产品的口碑好坏来说,已经成为最有影响、最关键的因素之一。

二、微信营销的平台和工具

(一)微信营销的平台

1. 微信公众号

微信公众号,就是用户在微信公众平台上申请应用的账号,该号码可以链接 QQ,故可以实现粉丝引流的目的。微信公众账号还可以借助微信平台的强大功能发送图片、语音、文字形式的信息,因此为商家和客户进行互动和沟通提供了便捷的条件。

(1)及时沟通

微信推广开来以后,许多淘宝商家马上扩大了经营阵地。他们说淘宝就好比银行的自动提款机,用户和你完成交易后,就再也没有关系了。微信不一样,商家可以通过它来调查用户对商品的满意度,并针对用户提出的疑问做详细的解答和悉心指导,这是许多商家选择用微信来营销的原因。

此外,微信还有方便快捷的优点,这正符合用户至上的原则。以往企业与用户互动,主要是通过电话回访、问卷调查等方法,这些方法都劳神费力,有时候一些用户换了手机号码,还可能会联系不上。使用微信公众账号,商家就不必担心这些问题了。商家可以把自己的用户聚集在公众账号之下,为其提供细致周到的服务。

(2)扩展营销渠道

以往人们去商城购物,远远就能看到巨大的商业海报。如果海报不醒目,别人就关注不到。现在有了微信公众账号,企业就再也不用担心海报被消费者忽略了,因为许多商品就直接呈现在顾客的手机屏幕上。正是因为这个原因,许多企业利用微信公众账号开展了大量的商业活动,同时,大量的无效信息也给用户带来了一些困扰。为了避免过多的信息给用户带来干扰,腾讯不得不开始限制商家发送信息的数量。在这种情况下,企业推送信息就必须注重价值含量和吸引力,以便赢得用户的好感和信任。一旦很多用户认可了你的产品,他们就会帮助商家挖掘潜在用户,扩展营销渠道。

(3)兼顾新老顾客

企业之所以关注微信公众账号,主要原因就是上面有很多客户。如果这些客户中有很多人都购买它的商品,必然会增加企业的营业收入。发展新用户十分不易,因为许多客户都有固定的供货商。在这种情况下,企业就要采取多种营销方法来打动客户的心,例如,在微信上推送许多人都感兴趣的信息。一家酒店申请了一个微信公众账号,名字叫"美酒香肉"。推送的视频模仿了"舌尖上的中国"这个节目,因此吸引了一批新顾客。除了这个办法,企业还可以通过优惠、抽奖等活动来招揽新顾客。

当然,有了新顾客,也不能忘了老顾客。新客户会货比三家,具有不稳定性,而老客户则会经常购买你的商品,他们才是企业发展壮大的根基。为了方便企业维系同老客户的关系,腾讯将公众账号划分为服务号和订阅号两种,服务号就是方便企业通过微信为老顾客提供服务的。

企业利用微信公众号开展营销活动,要遵循以下两大原则:第一,要及时回答老顾客的疑问,同时还要给他们提供相应的解决方案;第二,自主研发微信公众账号的新功能,让老顾客能够自行解决问题。例如,招商银行的老顾客只要登录它的公众账号,就可以完成还款、余额查询、手机充值等操作。不断完善公众号的服务功能,必然会增加老顾客对自己的好感,这对提高复购率来说也是非常重要的。

2. 微信商城

微信商城简称微商城,是腾讯公司在微信公众平台上推出的一款类似于电子商城的产品,交易时可以采用微信支付功能,也可以采取其他一些支付方式,帮助商家和用户在线沟通和互动。因为它依托微信公众平台,所以有诸多优点,商家无须建立个人网站,不必开发 APP,不必装修商城店面,因为第三方开发平台已经为商家提供了很规整的微信商城模板。

用户在碎片化时间里玩手机是最好的选择。可是这些时间不足以玩一场大型游戏,也不足以和朋友做一次深入的交谈,微信正好可以填补这段空闲时间,所以微信才备受欢迎。

微信里有许多好友上传的小游戏,很好玩;有许多新鲜的资讯,可以满足人们的好奇心;有事需要联系亲朋好友时,可以用微信联络。微信商城融合了微信沟通和商务两大功能,因此吸引了大量的用户使用。有人说,单纯说某一事物好,没有对比,不足以让人信服。下面先来看看传统商务平台的弊端。以前人们常说逛淘宝,为什么要用"逛"字?因为淘宝卖家很多,用户要在诸多商品中寻找自己感兴趣的内容。找到自己感兴趣的商品后,由于许多细节不了解,还要下载相关的交流软件,与卖家进行沟通交流。知道商品细节后决定下单,可是还是有环节让人不放心,这时候还得进入平台查看物流。其中有个环节最让人心烦,那就是填写评价选项。

这些琐碎的环节在微信商城中全都不存在。客户只要借助商家的微信公众账号,就可以完成售前咨询、产品选购、即时下单、售后咨询、物流跟踪、分享订单等事项。

对于商家来说,微信商城有一个巨大的优点,就是用户首先要关注商家的公众账号,然后才能进入商城。这就好比去图书馆看书,先要验证身份证或者图书卡一样,这样有利于商家搜集客户的相关信息。目前来看,微信商城的功能偏重于聚合不同渠道的客户并提高客户的转化率和复购率。

如今,能够像实体店那样及时沟通的电商平台只有微信商城。其他电商平台,商家和用户之间的关系大多在交易结束后就消失了,消费者想要获得售后服务很困难,商家想要促使用户再次消费也非常困难。

微信商城的出现,正好解决了电商商家和消费者关系割裂的难题。商家为了宣传自己的微信商城,可以提示在实体店购物的用户关注商家的微信公众账号,甚至可以提供某种优惠。这样用户很有可能就会进入商家的微信商城。例如,物美超市给扫描其微信二维码的用户打 9.5 折,这样就能够很轻松地把顾客引入到商家的微信商城中,之后通过广告宣传、促销活动等,可以带动用户再次消费。

对于所有消费者来说,微信商城较人性化的地方就是"好友砍价功能",这为用户提供了十分真实的购物体验,也为商家广泛吸引粉丝提供了便利。除此之外,它的"一键建店面功能",还可以帮助商家完成会员管理、产品分类、订单管理、支付方式管理、配送方式管理等工作任务。这样一体式的服务功能,能够为商家带来诸多帮助,让客户更全面地了解企业品牌,节省宣传成本,扩大产品知名度等。

3. 微信朋友圈

20 世纪 70 年代,哈佛大学的一位心理学教授创建了"六度分割"理论:"你与这个世界上任何一个陌生人之间所间隔的人不会超过六个,也就是说,最多通过六个人,你就能够与任何一个陌生人产生联系。"按照这个理论,每个人的社交圈都是在不断地扩大的,所有的社交圈交织起来,就会成为一个大型网络。

(1)朋友圈的营销优势

根据"六度分割"理论,微信朋友圈蕴藏着巨大商机,并且,从某种程度上来说,与微博、淘宝相比,它有着更大的优势。

第一,冗余信息少。微博上的信息是可以转发的,但是微信朋友圈只有"评论"和"赞"两个选项,不能转发。因此,微信朋友圈里不会有太多的冗余信息,大部分都是好友的原创与分享。

第二,沟通体系是单向的。微信朋友圈采用的是单向沟通的模式,在朋友圈里,如果互相不是好友,就看不到别人的留言,不像微博或淘宝上的评价,所有人都能看得到。这种不透明的单向沟通体系,能够保护用户的隐私,使人们在做出购买行为的时候没有后顾之忧。

第三,交流更加方便,可以无缝切换到私聊模式。微信是一个综合性的即时通信工具,人们可以无缝切换到私聊模式,比点击网页激活淘宝旺旺或发送微博私信都要方便得多。

第四,人店合一,有利于积累客户。微信朋友圈是人店合一的,营销者不但可以在朋友圈推广自己的产品,也可以分享自己的生活。这样,好友们感受到的是一个真实的人,而不是一个只以推销产品为目的的冷冰冰的"推销机器",兴趣与信任就会自然而然地产生,经营时间长了,客户当然也会越来越多。

第五,基于情感的营销,更容易成功。朋友圈里的好友关系是一种基于感情和互信的强关系,好友之所以会在这里做出购买行为,是因为朋友间信任。这实际上是一种情感营销,不但成功率更高,还会带来更高的用户黏度和竞争壁垒。

微信营销,从本质上来说,就是人的营销,首先应该把"人"推销出去,让大家对你这个活生生的"人"产生好感与信任。有了这个基础,人们自然会关注你的产品,购买你的产品。而微信朋友圈是构建这种信任关系的一个非常有效的平台。从这个角度来说,朋友圈是一个不折不扣的、亟待挖掘的营销金矿。

(2)朋友圈的特性

在朋友圈做营销,要先了解朋友圈的特性。朋友圈有两个特性:朋友和圈子。这两个特征都很容易理解。

第一,朋友特性。

无论是你的 QQ 空间还是你的微信朋友圈,关注你的或你关注的都是朋友。而这种朋友特性,使他们与你建立了初步的信任关系。因此,在朋友圈中做生意,你实质上是在用自己的名誉做赌注,因为你如果还想在圈子里和他们保持朋友关系,就必须为你的产品质量作保证。

我们认为,朋友圈营销的核心就是"深化与朋友的关系",因此你要把与朋友的"弱关系"转变为"强关系"。只有把关系放在首位,深化与朋友的关系,才能迎来长期的、高质量的发展和收获。

朋友圈营销是微信营销的最佳实践,它从自说自夸演化为让别人帮你说话,话语权已经不在卖家一方,而在朋友圈一方。只有强化跟他们之间的关系,让他们为你宣传,才能更好地做微信营销。

第二,圈子特性。

"物以类聚,人以群分",一个圈子里的一群人肯定是由有共同爱好或共同经历的人组成,这也是朋友圈营销的价值所在。例如,一群爱旅行的人组建了一个朋友圈,当有个驴友在圈子里发表关于"旅行"的状态后,会引发一群驴友点赞、评价甚至转发。当这条关于"旅行"的状态被转发到另一个旅行的圈子里时,则会引爆二次宣传和扩散。

朋友圈的这两条特性,奠定了朋友圈营销的强大威力和突出效果。

4. 微信小程序

小程序是种不需要下载安装即可使用的应用,它实现了应用触手可及的梦想,用户扫一扫或者搜一下,即可打开应用,也体现了用完即走的理念,用户不用关心是否安装了太多的应用,应用将无处不在,随时可用,但是又无须安装。丰富的入口意味着无限的营销可能,正因为如此,如今很多商家都看准了小程序营销,开发出了五花八门的小程序。

(1)线下扫码

线下扫码是小程序基于偏向线下的定位而设的基本入口之一,客户只需通过线下扫描二维码即可进入小程序。线下扫码可以更符合客户的日常习惯,对于营销来说是首选。这是一个基于线下场景的流量入口,适合有实体门店的企业,用户想要获取商品优惠,或者购买特定的商品,扫描二维码,即可连接线上商城或线下商品。

(2)对话分享

客户可以将自己使用过的小程序转发给好友、群聊或者添加到自己的公众号当中,其他客户则点击转发分享消息可直接进入小程序。

对话分享的优势可以让客户在社交的同时跳转小程序,实现盈利。不过,要注意的一点是不能在朋友圈中分享小程序。这是微信的用心之处,因为小程序需要的是精准的用户、实际应用对称的用户,即通过用户之间的价值体系及实际生活应用场景,这使得小程序传递的信息越来越对称,口碑也越来越好,从而形成裂变式推广。

(3)历史列表

当客户使用过一个小程序后,该小程序就会变成历史消息保存在"发现—小程序"界面里,直接打开点击可进入小程序。也就是会把打开过的小程序留在列表内,下次再用的时候直接打开即可,当然滑动可以删除或者标星。

(4)关联公众号

当公众号与小程序处于同一主体时,两者可以相互关联跳转,且一个公众号能关联很多个小程序。我们可以通过公众号查看并进入所绑定的小程序。反之,也可以通过小程序查看并进入所关联的公众号。

微信公众号作为早期微信用户端的企业流量池,通过小程序相互跳转,既可以使用户直接获取服务,也可以通过细分核心商品及应用场景,自然而然地把其拥有的粉丝、潜在顾客、忠实顾客等导入到小程序中,获得流量转变。

(5)消息通知

商户可将模板消息发送给与小程序互动过的客户,而客户可通过模板消息进入小程序进行再次互动,这样可以通过小程序和客户进行交流,大大提高了互动性。

(6)自由切换

小程序客户可通过功能键实现不同小程序界面切换或者小程序到聊天界面的切换,支持多个小程序同时使用。每个小程序都相当于一个独立的APP 应用,不会相互影响,打开多个后可以直接切换,就像手机打开 QQ、微博、支付宝一样,互不干扰。

(7)微信搜索

微信为小程序开通模糊搜索功能之后,客户使用微信客户端右上角搜索窗口输入小程序名称或者相关词语,就可以搜索到小程序,之后直接点击进入界面。搜索内容后排名在第一的是小程序,第二是公众号,然后是表情、朋友圈等,可见小程序在微信中的地位有多高。这也让企业的小程序更大程度曝光。当用户习惯了在微信上边聊天边搜索的时候,用户的查询习惯、购买习惯、心理需求等就被小程序连接起来。

(9)附近的小程序

基于地理位置技术的支持,客户在"发现—小程序—附近的小程序"里可看到附近拥有小程序的商户,形成一种定向推广的模式。而这种优势可以为商户节省更多的成本去做广告。

(二)微信营销的常用工具

1. 流量入口工具

微信是社交传播最便捷的渠道。自媒体时代,人人皆为内容的生产者。每个人都可以通过社交媒体来发声。随着各大平台都以开放的步伐迈进,一时间争夺优质内容的门户、垂直媒体蜂拥而至,如今日头条、微博自媒体、搜狐自媒体、百度百家、网易客户端等,尽管这些门户媒体都有超大的流量,但因为操作和用户体验都没有微信简便,所以微信仍占据社交传播的头把交椅。

线上的流量入口,按照信息传播媒介可分为视频入口、音频入口、文字入口、二维码入口、LBS 入口等,常见的有以下这些。

视频入口有腾讯视频、搜狐视频、百度视频、优酷、爱奇艺、土豆、快手、一直播、映客等。

音频入口有喜马拉雅、蜻蜓FM、微博FM、豆瓣FM、酷我听书、懒汉听书、千聊等。

文字入口有开心网、天涯社区、大洋论坛、百度贴吧、豆瓣网、猫扑、凤凰论坛、搜狐社区、京华论坛、新浪论坛、网易论坛等;新浪、搜狐博客;空间、好友、邮件、QQ群、QQ说说、朋友圈、微信群、公众号、摇一摇、扫一扫等。

除了产品的目标群体之外,你还要知道你的产品可以为目标群体解决哪些问题,有没有触及他们的需求痛点,只有明确了这些信息,你才能找到自己产品或服务的真正目标群体及流量入口,从而更好地进行引流吸粉的工作。

2. 作图工具

我们可以通过相关的软件对图片进行处理,如美拍等,但拍摄图片时一定要注意,图片务必清晰,背景务必干净,图片最好是正方形,这样容易完整显示。图片素材的获取渠道一般有两种,一是通过自己拍摄的方式获取,二是依靠百度、搜狗、昵图网等平台,在这些平台上挑选现成的图片,找出最符合内容的图片。

朋友圈展示的图片,是朋友圈营销非常重要的一个环节,只有更好的图片才更容易打动人心。我们发的每一条朋友圈,除了本身的文字内容外,图片一定要运用得当,每一个客户,在浏览朋友圈时,首先不是看字,而是先看图,被图打动后,才会继续看字。你的图片就是一支广告,是你获取客户的重要方式。为了让我们发布的图片有一定的观感,不至于直接影响朋友圈的互动率,我们可以使用一些美图工具,如美图秀秀、玩图、黄油相机、小Q画笔等制图APP,这些工具均简单好操作。通过这些APP,你还能完成添加文字的操作。

3. 视频工具

文字和图片都是静态的,人们又希望利用碎片化时间了解更多信息,而能在短时间内传递更多信息的无疑是视频,这就给手机端视频的播放提供了空间。视频要求清晰、连贯、短小、精辟,不宜冗长,能把自己想宣传的信息进行较好的展示即可。下面我们给大家介绍几种常用的视频工具。

(1)美拍

美拍是美图秀秀出品的短视频社区,其颠覆性的短视频新玩法,让普通视频一秒变身唯美韩剧、清新MV、怀旧电影。用它可以在照片上加表情和语音。美拍推出的"10 秒也能拍大片",可以通过各种 MV 特效对普通视频进行包装,呈现出不同的"大片"效果。美拍凭借高清唯美的画质,迅速成为备受追捧的短视频应用。美拍的火爆,主要是因为其抓住了女性爱美的痛点,同时搭载微博、融入社交元素,并通过话题营销推广自己。

(2)小影

它有多种拍摄镜头,如画中画镜头、特效镜头、搞怪镜头、音乐镜头;多种视频模式,如 8 秒、10 秒、宽屏,更适合多平台传播;可快速制作精美相册 MV;可进行视频剪切、拼接、快/慢调速、复制、配音配乐;可添加滤镜、字幕等;更有视频美化素材中心。

(3)爱剪辑

爱剪辑是国内首款全能免费视频剪辑软件,它有给视频加字幕、调色、加相框等齐全的剪辑功能,且其诸多创新功能和影院级的特效,使它成为迄今最易用、强大的视频剪辑软件之一。

(4)小咖秀

小咖秀是一款自带"逗比"(网络用语,形容某个人很逗,有点犯二犯傻,有点可爱)功能的视频拍摄应用,用户可以配合小咖秀提供的音频字幕像唱 KTV 一样创作搞怪视频,同时小咖秀还支持视频同步分享。

(5)激萌相机

激萌相机是一款手机拍照处理软件,由脸萌团队出品。用 Faceu 激萌特效相机拍照,手机会自动识别人脸,并在人脸上叠加具有动态的贴图和道具,从而创造出卖萌搞笑效果的照片。Faceu 激萌相机堪称自拍神器,除了可以卖萌之外,Faceu 还自带美颜功能,是自拍和视频聊天必备的拍照软件。

4. 活动工具

微营销展示应用包括:多图文、微网站、相册、贺卡、LBS 信息、企业 App、邀请函、微名片、分享管理。

微营销推广互动应用包括:红包、互动墙、微传单、投票、分组群发、微信 Wi-Fi、微信打印、微信会议、问卷、留言板、微论坛、万能表单、调研。

微电商应用包括:在线支付设置、平台支付对账、微信团购系统、微信商城系统、商城分佣管理、微商圈、渠道二维码、微众筹、砍价、竞拍、团购、店铺、限时购、微秒杀。

微会议现场场景包括:签到、摇一摇、微信墙、现场活动。

微活动应用包括:幸运大转盘、优惠券、刮刮卡、幸运水果机、砸金蛋、答题王、走鹊桥、摁死小情侣、中秋吃月饼、拆礼盒、一战到底、微信红包、转发有礼、微秀贺卡、卡娃贺卡、音乐贺卡、新年年签、全民经纪人、人气冲榜、分享达人。

三、微信营销策略

(一)品牌策略

微信营销因其独有的特点正在成为现代营销市场的主流,无论营销环境还是营销方法都是一个转换过程。微信营销让企业从原先粗放型网络营销步入精准型互动营销时代。企业微信营销的本质,就是利用一对多的便捷灵活的实时信息传播工具,营销企业品牌、产品、资讯和服务。

(1)作为一种实时信息传播工具,企业微信营销的内容策略注重传递有价值的内容,定期与千万粉丝形成良性互动之势,并在微信上找到精准用户。

(2)中小企业可以选择突出公司优势的点来搭建微信公众平台,建立后应有专人进行维护,用心经营才能起到良好的营销效果,以内容为核心驱动聚拢忠实粉丝。

(3)融入品牌故事、设计展示、市场推广、渠道专享等帮助企业提高客户的认知度和客户满意度,使客户与企业的合作成为一种习惯,让客户与企业双方获利。

(二)渠道策略

微信的渠道策略,就是聚合多种渠道进行营销推广,做到"无微不至",使得粉丝数量的成长实现狂飙突进。有了渠道,信息内容才能流向精准客户。这里的渠道包括吸引粉丝推送、朋友圈转发、微信联盟、微信应用(APP)、主动关注、论坛、QQ群、社区、贴吧、相关组件链接、企业官网、媒体杂志推广等。

微信营销的渠道应该是本着让消费者方便的原则设置。为了在网络中吸引消费者关注本公司的产品,可以以本公司的产品为主,再联合其他相关产品作为自己企业产品的外延,关联产品的同时出现会更加吸引消费者的关注。为了促进消费者购买,应该及时在微信上发布促销信息、新产品信息、公司动态。

(三)服务策略

微信营销所面对的客户大多是企业客户、经销商、业务往来单位,还有生活中的朋友、同事、同学等,具有平民化、年轻化、高学历化的特点,他们主要在上班、午休、下午 4 点以后、晚上 8 点以后等时间发微信。这些微信主流人群主要通过撰写微信句子或短文发表自己的观点或宣泄自我情绪,此外还会参与话题讨论、转发、评论和收藏别人的微信文章等。

这些顾客崇尚自我表达、分享和互动,所以中小企业微信营销要关注粉丝、关注客户,把他们当成朋友和知己,善于倾听、回复和转载他们的文章,为他们解决困难。而真正宣传和推广企业产品信息的微信文章,要控制在一个较小的比例,一般以占自创微信文章数 5%～15% 为宜,这样才能源源不断地汇聚粉丝和关注度。

(四)产品策略

要想通过微信实现产品营销,就要制订好产品策略,首先,要做好产品定位;其次,提供方便购买该产品的通道和优良的售后服务。因为微信信息内容较为精致,不可能全面介绍产品的详细信息,所以在官网或其他 B2C、C2C 网站上要有相关的链接,方便客户网上选购和支付,同时承诺各项售后服务条款要逐一落实;最后,适当让利惠及粉丝和微信群。因为产品网络销售的费用远低于其他销售渠道的销售费用,因此成熟的中小企业完全可以向活跃的粉丝、忠诚的粉丝提供专项优惠服务。

(五)促销策略

微信营销还有自身的促销策略,可以简单地概括为"个性化超人气促销活动＋好又多立体化的奖品设计＋透明公开的销售和兑奖"。此外,微信促销活动还可以配合事件营销、借势营销、口碑营销等常规网络推广方式开展。

综上所述,微信营销为中小企业开辟了一条新的营销思路,一种如何在创业初始阶段占领市场、推广品牌、营销产品、获得利润的模式。微信营销的兴起使得更多的中小企业面对大企业的挤压能够在节省开支的情况下不被打倒,以一种新颖的方式将自身营销出去,避开了资金不足、品牌弱势的弊端,使公司不断壮大。

四、微信营销的量化与评估

微信营销的量化和评估,无论对个人和企业来讲都意义非凡,可以让企业明白微信营销是否产生了预期的效果,是否较前期投入的成本更多,是否应该坚持现有微信营销的营销方式。因此,对微信营销进行量化和评估,可以以更加全面的角度帮助运营者了解微信营销的薄弱环节和优势环节,扬长避短,从而更好地提升运营效率。

(一)微信营销量化指标

在移动互联网时代,微信颇受社会各阶层的喜爱,从而使微信营销成为企业青睐的营销模式。然而,企业在评估微信营销效果时,通常会遵循传统思维模式,仅仅考虑在微信营销结果下,潜在客户通过购买企业产品转化为实际客户的比例,即微信客户转化率,从而忽略了从全局观的角度看待企业微信营销效果,结果导致企业只能通过该指标判断微信营销是否达到预期目标,因而无法帮助企业在营销效果不佳时,找出根本的问题并解决。这里我们从增粉量、转化率、购买率、转发量四个方面入手,来评估微信营销的效果,从而帮助企业更好地实现微信营销的最大化效果。

1. 增粉量

增粉,可以简单地理解为加粉量。粉丝意味着流量,也意味着拓客,更意味着客源。对微信营销运营者来说,通常把粉丝分为个人号粉丝、公众号粉丝及其他粉丝。无论是哪种粉丝,我们从加粉的方式上来分,主要分为两种,一种是主动加粉,另一种是被动引流。注意,这里的粉丝不包含"僵尸粉"(虚假粉丝,花钱就可以买到"关注",有名无实的粉丝)。

接下来,我们介绍两个具体的加粉方法。

(1)场景加粉

场景加粉,就是通过某一场景,你认识了一些人,并激活了这些人加你为好友,或者你激活了很多微信里面的好友,不管是强关系还是弱关系,他在某一场景下和你发生了联系。

比如说你在朋友圈发你的产品的广告,有的人会点赞,有的人会留言,那么这一类被激活的与你互动的人就是你的比较有效的粉丝;或者你在一些群里面做产品的交流分享活动,或者就是发布产品的广告,你可以扔下几个大红包,那么大家可能会觉得你这个人是值得交往的,对你产生认同感,从而加你为好友,成为你的粉丝,这就是场景加粉。当然你也可以在线下的零售店里面做促销活动、体验活动等,通过这些方式获取粉丝,这也是一种场景加粉。

(2)微信群加粉

很多人为了加粉,就不停地加群里的人,但是很多人都不会同意加他;或者即使加了群里的好友,之后互动也很差;或者你加了很多人之后,他们根本对你的产品不感兴趣;或者直接把你拉黑了。因此我们在通过微信群加粉时,要注意一个原则:就是让别人主动加你。增加粉丝可以从以下两点进行考虑:①趣味型,是否好玩、有趣;②利益型,是否让他觉得有收获。趣味型的玩法,即我们通过发布大家喜欢的话题、文章、网络段子、搞笑视频等方式来增加吸引粉丝。利益型玩法,即我们通过抽奖、随机抽取幸运儿、签到、积分兑换、会员活动、转发朋友圈凭截图领红包、收藏、加购送积分等方式来增加吸引粉丝。

2. 转化率

这里我们提到的转化率主要是指粉丝转化为客户的比率。什么是粉丝呢?由于某种主题、某种原因,他对企业品牌/产品或者对你个人产生了一种兴趣,这种兴趣在一定的时间里还是比较有感情的,是一种喜欢一种热爱,我们就把这一类人叫作粉丝。

什么叫客户呢?客户就是你提供的一种有价值的产品或者服务能满足他的需要,他对你的品牌或者你个人产生认同以后愿意花钱去购买你的产品或服务的人。一旦粉丝变成客户,他对你的要求就发生了改变,粉丝是出于对价值、对理念的认同,对你或你的产品、服务仅仅是一种喜欢,但是客户购买的就是产品或服务,其对产品或服务的要求是苛刻的,要求它们有质量的保证。因此我们要注意,当粉丝变成客户以后,你就不能按照原来对待粉丝的方式去对待他了,你要按照客户的标准为其提供服务。

(1)粉丝关系到客户关系

粉丝和客户之间有什么关系呢?粉丝可以转化为客户,客户也可以转化为粉丝。在微信里面,比如说在微信公众号里面,有很多是你的粉丝,但他们可能不是你的客户。因此,我们要学会与他们进行有效的互动。最核心的就是通过内容的输出、沟通、分享获得粉丝的信任,从而将粉丝转化成客户。

(2)买卖关系到朋友关系

如何把买卖关系变成朋友关系呢?你可以简单地理解为把客户变成你的朋友或者粉丝。

客户不仅想购买你的产品,他更希望和你进行交流,他希望和你分享、互动,他甚至希望你可以给他提供更多的东西。而这些东西是在产品和服务之外的人格化的东西,通过这些东西,你可以和客户培养感情,将彼此之间单纯的买卖关系变为朋友关系。所以无论是在公众号,还是在朋友圈,抑或是在微信群里面,我们每一个人或者每一个产品的服务,它背后都有一个人格魅力体。你营造的人格魅力越大,你的关系转化率就会越高。

(3)粉丝经营与客户维护

无论是粉丝还是客户,我们都定要记得对其进行分类和维护,客户不维护,最终会"竹篮打水一场空"。如果是粉丝的话,你长期不关注他的感受,对他不理不睬,对他提出的很多问题,你不去解决,那么他渐渐地就会对你失望,从而不再关注你。

最主要的维护粉丝的方式有两种:一种是我们在群里面和粉丝进行交流,另一种方式是大家可以在闲暇时组织一些线下活动,彼此增进一下友谊。小米在粉丝维护方面就做得非常到位,经常举行米粉节。

在客户的维护方面,你要及时地和客户进行互动,要把你的产品、信息及时推送给他,同时你要和他交流,问他需要什么,听听他的想法,对他进行标签化,并对沟通内容进行记录,比如哪一天见的他?他的需求是什么?对新产品有哪些问题?然后要定期进行反馈,出现问题更要及时地解决处理。

3. 购买率

微信营销的最主要表现就是微信购物,而提到购物我们就不得不提到购买率。购买率是最具有结果的营销指标。为了增加购买率,我们要从以下方面进行核查。

(1)用户的满意程度

用户的满意程度决定了其是否会进行二次消费或多次消费。如果用户对微信营销很不满意,认为自己的购物体验并不愉快,就不会再进行消费。但如果用户对微信营销很满意,认为微信营销的服务性能很好,就会进行再度消费。

(2)用户的心理因素

在一般情况下,我们都会受到外界环境的影响,从而发生心理上的变化。以从众心理为例,当大家都在微信上购物时,我们就会受到影响,也在微信上进行交易。当大家都对微信购物有很差的评价时,我们也会对微信营销产生抗拒。

综上所述,微信平台的质量对用户影响很大,如果微信平台的质量较高,用户对微信购物的信赖程度就会上升,对微信交易服务的整体满意程度就会提高,与此相应,用户的心态也会朝着积极的方向转变。心理因素对用户的满意程度影响较大,当用户在微信购物中感受到了乐趣,就会提升其满意的程度。用户的购物习惯会影响用户黏性,当用户对微信购物形成了习惯,用户黏性会相应增大。相应地,购买率就会得到提升。

4. 转发量

这里我们提到的转发量主要指内容转发和活动转发、朋友圈图文转发以及其他微信类链接转发的数量。

人们都希望自己看起来"高端大气上档次",希望别人能够喜欢自己,给予自己很高的评价,这是人的本性使然。仔细观察一下你的朋友圈,你会发现大多数人分享的内容都不是无趣的、无用的,因为他们潜意识里都希望自己的分享能有人点赞、评论,因而会对内容精挑细选。这里我们重点讲一下朋友圈的分享。

朋友圈是微信最重要的功能之一,朋友圈营销备受企业青睐,如何提高朋友圈转发量是企业关心的重要问题。企业应当准确洞察用户动机,刺激用户分享行为,提高内容的转发量,从而达到营销目的。

信息分享是互联网用户分享其(意外)发现或他人需要的信息的行为。分享是一种重要的社会行为,分享动机是用户分享行为的最直接影响因素。本节主要分析微信朋友圈的分享动机,以马斯洛需要层次理论对动机进行归类,并在此基础上,提出相应地朋友圈营销策略,以提高转发量。马斯洛需求层次理论是行为科学的理论之一,是动机研究的经典理论,他将人类需求从低到高按层次分为五种,分别是生理需要、安全需要、社交需要、尊重需要和自我实现需要。

(1)生理需要的动机

朋友圈分享的生理需要动机,是用户分享信息最基础的需要。微信朋友圈分享的生理需要动机很少,但仍然存在,也就是说这种动机下,用户并不是主观地想要分享信息给他人,没有想要朋友看到的目的。生理动机的营销策略:发现用户的最基本需求,满足用户的信息搜集需求,这就要求企业能够发现并整理出用户当下最迫切需要的信息,解决用户的燃眉之急。

(2)安全需要的动机

朋友圈分享的安全需要动机,是用户在选择是否分享信息的时候对自身安全的考虑,同样是用户分享信息的基本需要。用户分享信息的时候,首先会考虑到信息是否会涉及自己的隐私,是否会造成隐私泄露,是否会损害自己与他人之间的关系。如"输入真实姓名预测前世今生"的游戏,输入真名会造成微信号与姓名的关联,而一旦个人信息泄露,接踵而至的就是不厌其烦的广告,甚至更严重的骚扰。

(3)社交需要的动机

朋友圈分享的社交需要动机,是用户通过信息分享的手段拓展、维护关系的一种需要。微信是一种社会化媒体,与传统媒体不同,微信朋友圈能够进行用户之间的交流,是认识朋友、增进情感的社交工具。

寻找谈资:寻找共同感兴趣的谈资,是社交的第一步,同时也是和老朋友增进友谊的有效方式。用户在分享某个话题的信息时,可以有针对性地将信息发给特定好友,提醒他们阅读,从而增进朋友间的交流互动。

表达关心:关心他人可以获得他人的信任和爱戴,同时能够增进感情。微信用户大多喜欢分享一些关于"歌颂兄弟""赞美知己""祝愿爱情"的文章。这种在公开场合表明态度的行为,非常有利于情感的升级。

(4)尊重需要的动机

朋友圈分享的尊重需要动机,是用户为了得到精神层面上的满足而想要获得他人的尊重和认可的需要。用户一般通过分享一些能够体现自己身份地位、成就威信、精神追求的信息达到此目的。针对这种动机,企业的营销策略为:抓住社会热点,引导用户关注热点表达想法。企业要第一时间推送突发性新闻或热点事件,借此引导用户去分享。在此过程中,用户能够表达自己的观点,争取朋友的尊重。

名誉动机:用户通过分享一些被社会广泛关注的事件的信息,来表明自己是个关心社会的人;或者某些成功人士分享一些鼓励年轻人创业的信息,来维护自己高大的个人形象;或者用户在朋友圈里分享自己去欧洲旅行的照片,标榜自己是个积极生活的人。

呼吁倡导:这是指分享者通过分享社会热点事件来表达自己对事件的关心或支持。用户分享包含自己支持或反对观点的事件或活动,并呼吁其他人能和自己一起对事件或活动保持相同的态度或行动。

(5)自我实现需要的动机

朋友圈分享的自我实现需要动机,是指发挥个人的能力到最大限度,达到自我实现境界的需要。自我实现动机具体体现在用户分享信息是为了帮助他人的"利他主义",以及自我内心的升华。

针对这种动机,企业的营销策略为:结合自身营销目标,引导用户帮助他人,使其得到精神需求的高度满足。一方面,企业要创造有价值的微信信息;另一方面,企业要引导用户参与活动。

利他主义:利他是不追求任何回报的一种动机。用户通过分享有价值的信息给他人,期望自己的分享能给他人带来帮助或快乐。朋友圈常见的关于"生活小窍门"等的分享,就属于利他分享。

内心升华:内心升华是对自我行为的肯定。当一个人完成了一件价值得到体现的事时,他的内心便会得到满足。这种满足也同样体现在其微信朋友圈的分享上,分享的形式可能只是一句感慨,但是重要的不是内容本身,而是通过分享的内容体现自己已经达到了另一个高度。

(二)微信营销评估指标

微信营销在中小企业中尚处于摸索试行阶段,许多企业虽然对微信营销有较浓厚的兴趣,但缺乏具体运营的合理规划,带有很大的盲目性。为了更好地实现微信营销效果的最大化、落地化,我们必须从前中后期对其进行评估。

无论是何种营销活动,其效果都是可评估的,效果评估可分为活动前评估、活动中评估、活动后评估。营销策划方案的好坏都要通过效果评估来决定。效果评估不好,那么这个营销策划方案也就是失败的。

微信营销的效果评估是有指标和相关标准来衡量的。对于效果而言,狭义地讲,其实企业最期待或者最想要的效果一定是销售的提升。电商类企业更适合用这种方式分析,相关的指标可能有销售业绩指标、客户数量或者图文转化率等。广义地讲,对企业品牌、产品的传播和推广以及良好的客服体验等都应该算是效果的体现。对于大多数中小企业而言,做微信营销是需要一步步积累的,不论是粉丝数量、运营策略还是经验的积累等各个方面。

微信营销效果评估的四个环节:首先,"吸引"用户使用;其次,促使其"转化"为自己的订阅用户;再次,已经订阅的用户能否"持续"订阅;最后,用户是否"购买"了微信推广的产品或"参与"了微信推广的活动。其实还有一个重要的环节,即用户在一次购买产品或参与活动后是否满意,是否会持续进行购买或参与,以及一个更为深远的效果——他是否向他人推荐了微信公众号或者推送了产品或活动。这三个"是否"决定了企业能否持续获利以及扩大客户规模。而且,这三个"是否"其实就是测量用户忠诚度的三个指标。

1. 前期评估的指标

针对微信前期运营的内容,我们主要从运营规划、执行进度及考核标准(即执行细则)入手进行评估。

(1)运营规划

对于微信运营者来说,前期的运营规划相当重要。这决定着微信运营的长期发展。表 3-1 所示为前期运营规划的具体内容。

表3-1 微信前期运营规划的具体内容

运营规则	具体内容
定位	要明确微信运营是为了推广产品还是实现销量的增长或者品牌的传播
营销策略	根据微信运营的不同阶段制定不同的营销策略
推广策略	通过各种渠道对公众号进行推广或者个人品牌的打造
内容策略	企业要想能继续占领市场并开拓更大的市场,就需要从微信上推送的广告内容入手,不断对其进行优化创新,让内容变得丰富多彩,从而吸引微信用户观看,由此来使用户接受产品信息
客户的维护与培养	对客户的需求提供指导性的意见,帮助客户解决困难,挑选产品
内容营销	信息版面符合手机屏幕的大小,确保图文清晰,图片大小合适,开头好的引导语有助于吸引用户阅读,极大地得到用户的好感,使其进步阅读文章

(2)执行细则

当有了运营规划后,我们必须安排人员去执行,主要执行的内容有以下几个方面(表3-2)。

表3-2 前期运营规划的执行细则

执行细则		
内容运营	文章标题优化	目的是提升打开率,也就是浏览率
	文章内容优化	目的是打造十万级以上的阅读
	朋友圈内容优化	目的是提升点赞、评论、互动的数量
活动运营	内部活动运营	具体包括朋友圈集赞、举办讲座、随机抽奖等
	外部活动运营	具体是让用户参与传播,同时要注意突发状况如何解决、活动的奖品怎么设置等问题
用户运营	建立微信群	让感兴趣的粉丝到群里交流
	加微信私人号	与需要沟通的人加为好友

在执行的过程中,我们不仅要关注执行进度,也要制定考核标准。我们最好对执行进度规范化、时间化。

2. 中期评估的指标

中期评估的指标主要是微信客户转化率和复购率。

(1)微信客户转化率

微信客户转化率是指企业在进行微信营销活动时所获取的实际客户数量与企业目标客户数量的比值。在企业实际营销活动过程中,企业目标客户数量总是大于通过微信营销手段转化为购买企业产品或服务的实际客户数量。因此,该指标用百分比来表示即为:

微信客户转化率=通过微信获取的实际客户数量/企业目标客户数量

微信客户转化率是企业衡量利用微信营销把潜在客户转化为最终客户能力的一个重要指标。当该数值偏小时,表明企业微信营销活动的效果较差,企业需要对正在进行的微信营销过程进行改进;数值越大,则表明企业的微信营销效果越显著。这一指标能够从量化的角度帮助企业经营者评估企业进行的微信营销的效果,是企业在进行营销实践过程中最关注的指标之一。

(2)复购率

复购率就是回购率。我们知道开发一个新客户往往要比维护一个老客户的成本高出 3 倍左右。在这种强压下,研究如何提高客户的复购率就显得非常重要了。

首先我们分析一下客户购买后的一些常见行为。

第一,分享,即给你做分享,推荐朋友购买你的产品;

第二,回购,即回来继续购买你的产品或关联产品;

第三,流失,即对你的某些产品不满意最后流失了。

所以,产品售出并不意味着交易的结束而是与客户建立、维护关系的一个开始。要时刻得维护个老客户比发展一个新客户要容易得多;客户推荐朋友给我们也比我们陌生推荐要有效得多! 客户收到产品后,我们一定要做好售后服务。例如,客户买了一款护肤品,我们就可以经常和她打打招呼,问问她"产品用得怎么样啊?""抹在皮肤上的感觉好吗?""产品的清香喜欢吗?"等,以表示我们对她的重视。

3. 后期评估指标

后期评估的指标主要有参与度和忠诚度。

（1）参与度

参与度主要是指用户的活跃度，用户活跃度越高，参与度就会越高，参与度越高，营销也就会变得容易。用户的参与对营销起着至关重要的作用。我们知道，微信营销先从用户的信任和参与开始，因此，在后期评估时，要特别注意参与度。

在提高参与度时，首先我们要引起用户的关注，其次要利用微信多样化的互动形式和营销手段鼓励用户主动参与，进而利用微信与用户建立持续的互动关系，如定期发起话题讨论、举行有奖活动或在线问答等，从而引起用户的参与、回复、转发。

第一，利用社交元素和数据分析获得用户。同学、同事、亲朋好友等，每一类社交关系都具有营销性，我们要利用社交元素和数据分析，提高用户对企业微信的认知价值，从而促进用户的参与感和活跃度。

第二，通过转发与活动吸引用户。通过转发用户的文章或请求用户帮忙转发自己的文章、线上线下活动（线上答题参与抽奖之类的活动、线下沙龙）、创建话题（抛出相对有争议的话题、汇聚几方观点）私聊、分享精彩内容或资料、举行投票等来增加活跃度。建议定期举行热点话题的讨论、有奖转发、联合第三方做留言、献爱心活动等。

第三，培养用户信息浏览的习惯。微信运营者应重点关注一下用户信息浏览的情况，如用户是否经常性地在公众平台和朋友圈进行信息的浏览、是否经常性地与其他成员开展互动和交流、是否经常性地参与到组织的互动当中等。用户与其他成员之间的互动以及参与活动的行为越频繁，就越容易形成相互交流与相互合作的习惯，也更倾向于将自身当作这一集体中的一部分。运营者在进行微信营销时，应注重培养用户信息浏览的习惯。习惯一旦养成，未来的成交概率就会加大。

第四，为用户营造归属感。当微信中的内容或者讨论话题能够激发用户兴趣时，也能够有效地吸引用户积极参与互动。如果一个用户将自身在现实社会中的社交关系转移到微信中，这就使其与微信有了更紧密的关联，用户会自觉地参与到微信营销活动中，也会产生较为强烈的归属感。

第五，塑造良好的用户交流氛围。微信运营者若能够塑造出良好的用户交流氛围，用户则能够积极参与微信营销活动，并找到与其他用户之间的相似性，继而将自身当作用户群体中的一员并产生集体意识。

第六，加强与用户的沟通频率。你和你的用户的沟通频率就代表了你们的关系，频率越高，就代表关系越深厚。而关系很深厚的话，你推荐给他产品，他就很愿意接受。

第七，给予用户人性化关怀。通过微信、公众号可以对用户进行提醒给予其人性化关怀。用户越觉得受重视,其参与度就越高。例如,如果你是化妆品企业,你不仅可以根据季节和客户所在的地域发送相应的护肤提醒,还可以根据客户的具体肤质进行分组,如缩毛孔、祛痘等,然后再根据这些分组给其发送相应的产品推荐。

第八,通过线上群聊、线下聚会稳固与用户之间的关系。通过微信群、朋友圈与用户建立关系,通过活动的形式进行线下聚会,线上线下相结合,进一步强化用户的参与感。

(2)忠诚度

忠诚是一种情感的特点,是一种相互信任的关系。客户忠诚是指客户在产品或服务的消费过程中对其有一定的依赖性,产生某种偏好,会对同样的产品和服务重复消费,不容易被其他竞争品牌所诱惑,并且还会积极为品牌做推广和宣传。

个人或企业通过微信的长期运营,应该培养客户对个人或者企业的好感,从而沉淀忠诚的客户。那么如何提高客户的忠诚度呢?

第一,提高用户感知价值。

用户感知价值是用户黏度的根基,他们会通过对价格、需求和其他人对产品的评价等方面的考量对产品进行判断,最终购买对自己来说价值最高的产品。因此,运营者一定要根据用户的考量点来有针对性地提高其感知价值。

第二,建立用户信任。

用户的信任是激发其忠诚度的重要条件。微信购物给用户带来了便捷,同时也带来了交易风险。因此,个人品牌的塑造与企业的形象对用户交易起着决定性的作用。用户的风险规避心理使他们更倾向于选择具有稳定性和可靠性的平台。在微信运营过程中,运营者应逐步建立起用户的信任。

第三,提升用户体验。

随着生活水平的提高,用户更加注重个性化服务的消费体验。微信营销必须以用户为中心,让用户参与到产品创新和品牌传播的环节中,做到"用户即生产者",用户感到满意后,品牌传播自然会在用户的良好体验和分享中完成。

第四,注意联络感情以稳定客户,提高关系强度。

成功地把产品卖给客户并不表示工作已做到了家,个人或企业还必须努力让客户再次来买其他东西。个人或企业应设法记住每一位客户的名字和需求,并适时地通过多种方式(如发语音问候)询问他们产品使用情况并征求他们的意见,这会让客户感到亲切,是一种维系客户的好方法。提供满意的服务并注意联络感情,有助于提高(个人或企业)与客户之间的关系强度。

(三)微信营销的 KPI 标准

无论你从事什么工作,都会有个标准或者指标来衡量你的工作质量。对于微信运营的工作,最直观的衡量指标就是数据,通过对数据的分析,我们可以清楚地看到工作效果、效率。现代社会越来越重视数据分析的作用,这里我们来介绍一下微信营销的 KPI(Key Performance Indicator,关键绩效指标)标准。

1. 微信营销 KPI 要素

微信营销的结果无法直接用确定的数字来计算,所以就必须有一个核算的 KPI 标准。KPI 是企业用来衡量一个人工作的评价指标,而微信营销一定要本着互动、服务、为客户创造价值的原则来进行。因此,我们要根据这个原则来设定考评公众号运营的 KPI,从而观察和分析营销的效果。

(1)粉丝数

粉丝数是第一指标,决定了传播的直接效果。粉丝数越多,消息到达数会越高,受众人群就会越广,但是在增加粉丝数的过程中,应努力获取精准粉丝。

(2)流失率

微信公众号不能主动添加好友,而且公众号的好友可以随时取消关注,这种取消关注的现象体现在数字上就是流失率。在微信运营过程中,绝不能因为好友增长大于流失而忽略对流失率的关注。

(3)传播率

理论上,微信传播的到达率为 100%,但是,要实现传播效果的放大,需要打破微信闭环,通过定位精准的内容诱发爆发性传播,发生不亚于微博的开放传播,提高传播率。

(4)转化率

从在线的关注到线下的消费,或是从线上的关注到线上的消费,每一次好友到客户的转化,以及转化的比例,都是最终考评营销效果的关键。这是营销的终极目的,考评时必须关注。

(5)好评率、分享率、反馈率、互动频率等

这几个指标也可以作为考评时的参照,考评者应针对公众号实际营销行业、内容的区别,选择合适的 KPI 指标,用以评估营销行为是否有效。

2. 微信公众号运营 KPI

企业开设微信公众号通常出于企业形象宣传和企业产品营销的考虑,因而,企业公众号为建设应当关注企业的精神文化内核,应将是否有利于企

业正面形象、企业优秀文化的宣传,及企业产品销量、良性客户的积累、用户美誉度等,纳入评估体系,应当借助智能化的数分析手段,对用户自发的信息转发行为、产品消费与服务参与的活跃度、使用黏性等进行优化数据分析,对用户点赞、评价、打赏等互动内容进行严谨的质化分析,这样才能更加精确地反映用户对传播活动与服务活动真实的满意度、美誉度,反映出微信这一新媒体平台对企业软实力提升的效果。企业只有真正注重用户服务的满意度和美誉度,才能保持其恒久的信誉和品牌价值,从而进一步强化企业文化软实力,形成螺旋式良性循环。

基于粉丝数和阅读量的微信公众平台,如何扩大其用户群体,维系长久的关注度,有效实现产品和价值的交换,是保证其影响力和生命力的重要方面。微信公众平台的运营团队、营运形式、互动性以及推文内容等都举足轻重,这些因素是运营好公众号的必要条件。

阅读量高,则说明文章的标题与封面能够吸引用户,而要弄清用户是否真正关注文章的内容,则需要研究其将文章转发在不同平台时,不同环境的读者对文章的评论、再次转发、关注公众平台进而查看历史文章的一系列动作。

运营者在运营上可以针对粉丝数据分析发起线上的话题,引发线下的活动,加大同粉丝的互动,利用微信朋友圈功能的"面对面、点对点"转发的互动模式发挥其互动传播价值,逐渐提升微信公众平台的影响力。例如,《人民日报评论》设立了微信精选、招牌栏目、评论范儿等栏目与粉丝互动,并向粉丝征稿,这些都是注重粉丝"存在感"的体现。粉丝是活的不是死的,要让他们产生体验的满足感。互动最常见的形式就是后台互动、评论回复、搭建微社区,深入一点的就是对外的互动传播,比如分享内容可以获得某个礼物,投票后可以参加抽奖,邀请好友体验可以获得某个福利等。

在当下这个新媒体大热的时代,每一位粉丝都会关注多个公众平台,但并不会阅读每一个公众平台的每一篇文章。研究表明,通常情况下,一篇文章的阅读量大概是其粉丝数量的十分之一左右,当然也有特殊情况。在这些读者当中,有转发欲望的读者会将这篇文章转发到微信朋友圈、微信群聊、其他社交网站等。因此,运营者需要对不同的传播渠道进行分析,将传播内容与粉丝的增减、阅读量的增减相联系,以更好地优化内容。

第三节　微视频营销

2016 年,微视频进入爆发期,整个行业飞速向前发展。从 papi 酱获得千万融资到今日头条斥资 10 亿元培养内容创作者,从微博与一下科技的完美联姻到微信推出十秒视频功能……种种迹象都表明,你再不跟上微视频的脚步,就要彻底被时代 out 了。2017 年以来,微视频已经成为一种现象级产品,不仅获得资本青睐,也成为年轻、时尚的象征。由于其可以牢牢抓住用户的碎片化时间,表现形式丰富,场景多元化,俨然已成为年轻人重要的"娱乐佐餐"。在这样的趋势下,企业、品牌和商家要想捕获年轻用户,就要先玩转微视频营销。

一、微视频引爆流量与营销

随着新媒体行业的高速发展,短视频一骑绝尘火爆新媒体市场,并且在不断升温,短视频营销生态也越加完善。在这种发展趋势之下,短视频成为广告主非常喜爱的营销方式之一,短视频的运营也因此朝着越来越专业化的方向发展。

(一)微视频概述

1. 微视频的概念

按播放时间的长短,视频分为长视频和短视频。一般来说,长度在 30 分钟以上的叫作长视频。我们现在所讲的微视频是对比长视频而言的,基本上是指长度为 5 秒~30 分钟的视频短片,这种短片形式多样,内容非常广泛,微电影、DV 短片、记录短片、视频剪辑短片、广告片段等都统称为微视频。

2. 微视频的特点

从微视频自身角度来看,微视频主要有以下三大特点。

(1)视频长度短,传播速度快

首先,微视频的长度一般在 5 分钟之内,十分短小精悍,适合即拍即分享;其次,移动互联网发展至今条件已相当完备,移动客户端用户拍摄一段微视频并发布只需几分钟的时间,而即时观看使微视频的应用也已经普及,这为微视频的快速传播提供了有利条件。

(2)制作流程简单,制作门槛较低

对比专业视频制作,微视频制作门槛相对较低。任何人只要依托智能终端设备,按照简化过的视频制作流程操作,即可轻松搞定视频的拍摄和制作。除此以外,多数主流微视频制作 APP 中,增加了很多滤镜与特效功能,使内容看来更加专业化、更加美观。

（3）社交媒体的属性增强，参与性更加广泛

微视频作为社交方式的延续，越来越多地成为信息传递的一种重要方式。一方面，用户的创造及分享需要依赖社交媒体所提供的便捷传播渠道；另一方面，参与线上微视频的话题与活动，使用户突破了时间、空间、人群的限制，使用户觉得简单有趣，有参与感。例如，网红、微商、个体、AR/VR、电商、企业或品牌都是微视频的适用人群。

（二）微视频引爆流量变现

对投身于微视频战场的企业来说，如何变现一直是核心话题。微视频发展到今天的规模，是依靠变现来促进产业链上各个环节生生不息地循环运转的。我们可以把变现看作微视频这辆车的核心动力，同时它也是微视频营销的动力。

如今，一谈到微视频变现的问题，许多业内人士往往从两个方面开始分析流量与内容。本书认为，在任何时候，这两个方面都不可以单独分列出来讨论。优质的内容支持流量，巨大的流量吸引资本眼光，资本青睐于内容的创作。

从基础上看，微视频的成败还是要看流量，通过内容得到的巨大流量正是广告、电商所追逐的目标，而这一切都需要一个可持续输出的优质内容作为基础，然后再回头进行流量囤积。

所以，对于投身微视频的许多营销者和创作者来说，无论是 UCC、PCC或者 OCC，还是以内容为主的 MCN，在本质上都是一样的，当囤积到的流量不足时去谈内容是非常幼稚的。如果我们将微视频变现看作是一个大蛋糕，那么，产业链上的各方都是怎样吞下微视频变现这块大蛋糕的呢？

1. 流量变现

流量变现是微视频相当重要的一种变现模式。流量转化为真金白银，才能真正体现出微视频的价值。受移动互联网影响而诞生的微视频，是一个划时代的产物，也是流量的宝库。但目前对这座宝库的开发做得并不充分。

对于扩大流量，业内常用的一个技巧就是引流，即商家将自己的微视频放在社交平台上，用以吸引粉丝，提高人气。随后，引导粉丝们进入自己的淘宝店、微店或者其他特色店铺里，从而扩大销售量。从商业运作层面看，流量变现是最简单、最直接的模式，也是变现最容易的模式。

2. 电商变现

受微视频直播利好东风的影响,电商越来越多地将微视频直播放进标配模板中,同时,不少其他行业的巨头也纷纷盯上了这块蛋糕。相比有限的平台补贴和广告植入,微视频与电商的强强联合显然更具有想象空间。

淘宝微视频已于 2013 年正式上线,继图文之后,正式成为制作工具,商家和创意达人的微视频需求得到激发。淘宝不再只有图文展示,而是给用户奉上更生动直观的产品演示,力争在短时间内提升交易率。这种突破,也使淘宝在增加用户留存和使用时长的道路上更近了一步。

由此可见,电商与微视频结合的变现模式,无论对电商,还是对于微视频社区、平台或团队、主播而言,都是一场双赢的局面。在电商看来,微视频直播可以对产品进行非常全面的展示,这些直观的产品信息,大大增加了用户的有效决策,从而提升销售效率。在微视频社区、平台或团队、主播看来,直播带来的收益提高了,投入产生比例随之大幅下降。

比较图文类令人"种草"的文案,完整直观的视频展示显然更能拨动人的心弦。尤其是以生活方式、时尚美妆为主打的微视频,在引导消费方面有着天生的优势。当然,微视频也不是万能的,电商要保持较好的转化率,取决于视频主受观众的信任程度、视频质量的好坏以及推荐商品的本身价值。

Honey CC 曾用一条微视频直播征服了用户,在导流成本几乎为零的情况下卖出了 3 万条牛仔裤。这位淘宝店主在美拍上发布了一条微视频,用以展示不同体型的人们试穿裤子,其中加入了夸张搞笑的拉腿、抬腿动作,在令人捧腹大笑的同时不着痕迹地拉近了与观看者的距离,打消了观众对裤子质量的顾虑。

有人认为视频变现的主要模式是直播,我们不妨将电商看作微视频变现的创新模式,从这种"人与货"到"人与人"的渐进式交互上看,微视频与电商联合的前景将不可限量。

3. 直播变现

直播是微视频最为直接的盈利模式,现阶段网络爆款的那些"网红"们,十有八九都是踩着直播之路走红的。微视频是视频直播最主要的分支,所以,目前直播在各大微视频社区或平台上十分火爆。

根据统计,"网红"主每月收入高达 10 万~20 万元,而一位"业界大佬"仅仅两个小时内直播的收入就能达到 30 万元。于是,更多的人挤进微视频直播中,越来越多的企业和商家开始响应"无直播不传播"的口号。一时间,几乎所有的社交媒体、电商都想搭上直播这趟顺风车,利用直播来吸引顾客、营销产品的盈利模式开始形成,并日渐牢固。

微视频的出现放大了视频直播的优势,我们可以通过微视频与客人进行实时聊天互动,真正实现了直播的网络化。在这里,微视频直播与传统直播也有很大的不同,微视频直播降低了直播的门槛,这也是微视频直播的一大优势。参加微视频直播的用户,只要提供真实的身份,通过直播平台推送,就能播放内容。这意味着人人皆可变身"直播员",你只需要一部手机、一个账号而已。

微视频直播销售的业绩的确令人信服,但经过冷静的思考,我们也发现有许多不足之处。尽管微视频直播变现的优势大、门槛低,但其毕竟处于发展阶段,市场监管力度不足,导致光鲜与热度背后乱象丛生。只有经过正确的市场引导和严格的监管,微视频直播营销才能踏上康庄的发展大道。

4. 平台补贴

平台补贴是许多下层内容创作者的"母乳"。毕竟像一条创始人徐沪生那样自带流量和 IP 属性的实在少之又少。受"二八定律"影响,许多微视频创业者依赖平台补贴生存已经成为常态,早在公众号的图文时代就是如此,内容创作的基础来自平台补贴,同时还可以激发一定的市场活力。

5. IP 打造

近几年,IP 打造一直是很热门的话题。IP 究竟是什么?通俗来说就是,"当某个图案映入眼帘或者某几个词句传到耳朵里,让人第一时间联想到的那个具体事物"。一个微视频,如果已经具备了打造 IP 的能力,那么它一定具备很强的变现能力,而 IP 会让这种变现能力拓展得更远。

打造一个 IP,还可以防盗版,防止抄袭内容侵吞自身的变现池。IP 也可以通过内容或传播矩阵的形成扩大流量,从而衍生出更多的产品和服务。二次元常规变现路径就包括 IP 升级产生的衍生产品。同时 IP 升级也可以向其他视频音频领域延伸,如直播、网剧、院线电影等,所以,IP 升级也是变现能力的升级。目前,微视频"陈翔六点半"走的就是这条变现之路。

6. 内容付费

在我国,绝大多数人是习惯看免费视频的,一旦开始收费,会让许多用户在观念上难以接受。这一切,并不表示收费模式不可取。一旦方法合适,我们可以将收费和免费用户区分开来,为收费群体提供更为优质的服务,从而让用户享受到更好的体验等。总之,收费模式尚有很大的发展空间。

尽管微视频做付费盈利尚有许多阻力,但好在微视频的领域相当广阔,又因为"知识传递"的高要求,使得微视频兼具高垂直性、高精准性和强大的知识性。经过分析,通过以下两个方面可以达到微视频的付费模式:

一是服务具有特色,与众不同。一个高质量、有料的微视频平台完全可以通过收费来实现盈利,只要能让用户有所获,有更好的体验即可。关键是如何创新服务,提供足够有特色、有价值并切中用户需求的服务。例如,网红风头正强劲,有的商业团队直击大众需求,直播如何将自己打造成为"网红"。这就是有价值的特色服务,就算是收费高昂,也会有人愿意自掏腰包埋单。所以,许多微视频平台抓住提供特色服务大做文章,这也成了他们的主要商业盈利模式之一。

二是有效的组合。现阶段许多商家常常采用矩阵式来布局自己的微视频阵营。一般是以大带小的模式,即一个主账号同时带许多小号;或者建立一个框架体系,再按照品牌设置若干账号。这样做是为了在同一微视频或同一体系内,一部分收费,另一部分则免费。

这是比较明显的变现方式,除了相关费用会被平台扣除掉,剩下的就是盈利了。这种用免费来带收费的方式,非常符合我国大众对于市场新事物的认知逻辑,以及消费的心理。

综上所述,微视频是否能在付费领域激起更大的浪花,还需要我们拭目以待。

7. 微代言变现

在新媒体盈利中有一种主要方式,叫作广告代言,从曾经的微博、微信、APP,到现在的微视频无一例外。正是看准了这一点,商家经常会选择一个微视频社区或者平台联合出手,用花样百出的网络广告吸引那些爱上网的消费者。

微视频广告代言与传统营销中的广告代言一样,不仅能赚取代言费,而且还可赚名气。但在实际操作中,这并不是一件容易的事,需要注意的细节非常多。除了要从自身产品的风格和特征出发,结合客户群体类型,来寻找合适的代言对象,还要考虑报价的问题。总之,微视频代言费用既不能过高,也不能太低。例如,一个预算在百万元左右的广告代言,能最终达到这个价值的微视频,不仅需要有快速打展市场的能力,还需要在极短的时间内证明自身价值,并且坚决不能产生任何负面影响。

综上所述,广告代言在商业活动中位于较高的层次,除了需要非常庞大的粉丝数量,还需要在业界有良好的口碑及不凡的影响力,并且,不适合个人和影响力较小的微视频用户,所以绝大多数微代言都是由团体来运作的。

8. 广告变现

2017 年 6 月,艾瑞咨询作为第三方数据机构和美拍一起发布了《短视频达人发展趋势报告》(以下简称《报告》)。在《报告》中,创意植入广告成为短视频达人变现的主要方式。这的确是绝大部分短视频创作者最直观的变现方式,微视频的本质就是用内容打造自己的 IP,做内容就需要有投入,而第三方广告就是他们的产出。

在微视频广告玩得越来越出位的今天,冠名广告和贴片广告却悄然淡出我们的视野,取而代之的是以原生内容来做营销的植入广告方式。摒弃了生硬的品牌植入,以产品为核心来构思内容,让内容最终成为产品广告,这是原生广告与植入广告最大的不同之处。创意植入广告有许多优势。首先,这些团队或者个人都是网红,网红产生优秀的原创内容,所以他们无一不具有强大的驾驭创作的能力,使他们的粉丝产生共鸣;其次,产生的流量相当大,我们假设有 100 万的浏览量,每个流量 0.1 元,只看一个单链接的推送,就高达 10 万元。

以上便是微视频的主要变现模式。对于微视频营销来说,只有在提供优质内容、保证内容变现的基础上,寻找最适合自己的变现方式。这才是整个微视频行业生态搭建、营销得以成功的固本之源。

二、微视频的平台管理和内容管理

(一)账号的注册、登录

微视频是以各大视频社区或平台为载体而存在的,换句话说,玩转微视频的前提是必须拥有某个社区或平台的账号,即在微视、秒拍或美拍等平台上申请一个账号,通过该账号上传、观看和分享微视频。

为了更好地使用微视频,下面就来详细地介绍以下几个主要的微视频社区或平台的注册、登录的流程。

1. 多账号登录

从总体上来看,所有的微视频社区或平台都支持多账号登录,如手机号、QQ 号、微信账号、微博账号、QQ 邮箱账号等。需要注意的是,不同的平台在登录账号的范围上有所不同。例如,微视由于与 QQ、微信同属腾讯系产品,因此,在账号选择上就以腾讯类账号为主,如 QQ、微信、QQ 微博、QQ 邮箱等;而美拍则支持微信、QQ、新浪微博、手机号码及 Facebook 等多账号登录。秒拍、微视、美拍的账号登录示意如图 3-1 所示。

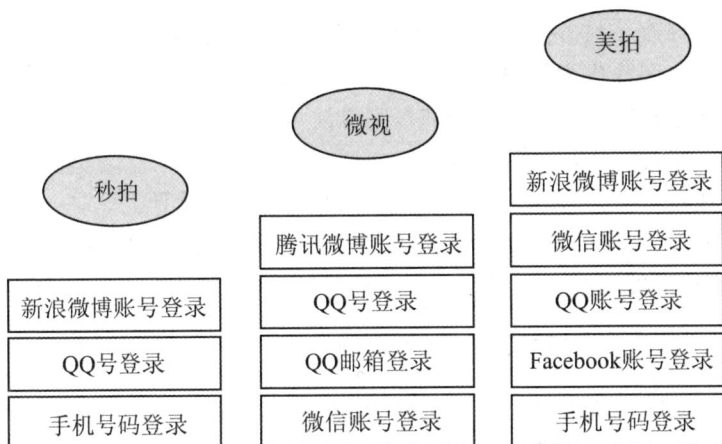

图 3-1 常见微视频社区或平台登录示意

2. 账号申请、登录

纵观几大微视频社区或平台的申请步骤,其流程基本上相似,接下来,我们将分别以美拍、秒拍和微视为例,逐一介绍如何来申请微视频账号。

(1)美拍账号

第一步:打开浏览器,在搜索工具地址栏中输入 http://www.meipai.com/,或者在手机客户端直接下载美拍 APP,进入美拍官方主页或 APP,选择账号类型登录(已有账号的可直接登录,没有账号的需先申请)。登录美拍可直接用手机号,所以,绑定手机号即可直接登录。

第二步:如果用新浪微博登录,可直接填写微博账号,输入密码即可,没有的申请新浪微博后方可登录。如果用手机号登录,输入手机号和密码即可。没有申请的需要立即注册。

(2)秒拍账号

进入秒拍主页(http://ww.miaopai.com/)之后,先选择以何种方式登录。具体有三种:采用新浪微博、QQ 账号登录秒拍账号的需先拥有新浪微博和 QQ 账号,采用手机号登录秒拍账号的需先绑定手机号。

(3)微视账号

第一步,打开浏览器,在地址栏输入 http://weishi.qq.com/,或者在手机客户端直接下载微视 APP。进入微视官方主页,点击"登录"下的"注册新账号"(已有账号的可直接登录)。

第二步,输入邮箱、密码、系统自动显示的验证码。填写完这些信息后,点击"立即注册"按钮。需要注意的是,账号昵称一定要先想好,因为一旦启用后不可修改。另外,还可以点击昵称上的图像,现拍一张或是在手机相册中选取一张图片作为微视的头像。账号密码必须是由字母、数字或者英文符号组成,不少于6个字符。同时,字母注意区分大小写。

第三步,按要求操作,完成注册。

第四步,填写自己的手机号码,获取验证码进行验证。

第五步,注册完毕。值得提醒的是:注册后,手机号码将作为注册者的身份标识,不可更改。

(二)微视频昵称设置技巧、原则

一个好昵称就像一个人名一样,很容易被人记住。当你将自己的微视频账号告诉周围的朋友时,如果对方无法马上记住就算失败。

要想让自己的微视频账号脱颖而出,首先要取一个好昵称,对头像进行合理、创新的设置。昵称和头像是向用户展示自己的第一步,决定着该微视频的定位。因此,对微视频拥有者来讲,无论你是企业团队,还是个人自媒体,都必须重视账号取名、头像设置这项工作,并善于利用一些技巧、遵循一定的原则。

1. 微视频昵称命名技巧

(1)以人名(品牌名称、企业名称)命名

以人名(品牌名称、企业名称)命名直接告诉用户"我是谁",通常适合于明星、大咖,或者在行业具有较高影响力和威望的人或品牌。头像可采用自己的或团体的照片、企业名称、品牌名称、产品的 LOGO 等。

(2)以行业加人名(企业名称)命名

以行业加人名(企业名称)命名的目的是让用户一眼就知道你是谁,是干什么的,以便能更好地定位于目标人群,寻找到目标客户。

(3)以微信、QQ 等名称来命名

有很多微视频命名时,直接沿用了自己的微信昵称或 QQ 昵称,或者这些账号的变形。这样做的好处是便于用户加深对微信、QQ 的记忆,有利于将粉丝引流到微信、QQ、企业网站等平台上。

(4)以职业、行业背景命名

以职业、行业背景命名就是将微视频中涉及的企业背景、人物、产品、服务等,以描述、夸张或拟人的手段间接地表现出来。比如,@王大厨、@迷恋美食、@电影工厂、@爱篮球等。

(5)以销售的产品或服务命名

以销售的产品或服务命名是直接将所能提供的产品或服务的功能、用途,或能提供的服务体现出来,让用户直接去了解。例如,欣欣旅游网是一个旅游网站,其美拍账号直接使用"@欣欣旅游网";杜蕾斯的微视账号则直接为"@杜蕾斯"。

(6)以地域加企业性质命名

如果是服务于本地的企业,则可以在账号昵称中加上地域特征,这样可以让本地的用户更有亲切感,如美拍账号@北京星舞团、@太原同城会等。同时,这样命名有利于针对性地吸引外地用户的关注。当然,如果企业的目标客户没有地域限制,昵称中最好不要加上地域标志。

2. 昵称的命名原则

众所周知,在实体店中好的店名是店铺的"标志",是店铺的一种无形资产。在虚拟的微视频中,微视频账号昵称同样是一种标志,一种无形资产。因此,在拟写之前必须经过全盘考虑,仔细斟酌。

为微视频账号命名,最基本的两个原则:一是要突出账号的功能属性,二是要有利于用户搜索。

(1)突出账号功能属性

突出账号功能属性的这种命名原则,目的就是让用户在看到账号后,可以快速知道这个账号的基本功能,知道这个账号推送的主要是哪些内容,主题是什么,以便提高用户对账号的关注度。

(2)布局关键词,利于用户搜索

用户关注一个账号时大体有两种途径,一种是被动模式的关注,另一种是主动模式的关注。被动关注主要靠企业的宣传和推广,而主动关注则就是这里要讲到的"搜索模式",即用户如何通过搜索来快速寻找到我们的账号。比如,用户最想通过搜索了解饮食方面的微视频,首先会通过微视频平台的"搜索功能"寻找相关的账号,进而关注一些健身从业者,或者一些健身节目、健身机构等方面的账号。

3. 微视频昵称的忌讳

微视频取名的方法有很多,定位不同,需求不同,方法也不同,但总有些原则性的东西是不能违背的,不能犯忌讳。这里总结出微视频账号命名不能违背的三个原则。

（1）避免使用生疏、冷僻的词汇

如果所选的词汇较生僻、冷僻，那很少会有人搜到，也很少会有人记住。比如，一个专门做手工制作的微视频取名叫"小沐呱"就不太恰当，一是因为"小沐呱"与手工制作没有直接的关联，另外则是因为"沐呱"这两个字不利于阅读和识记。

（2）避免使用大量的群体性词汇

群体性词汇是指意义比较宽泛，没有特定指向的词，比如"××美食""××服饰"之类的微视频名字就不太好，不但显得平台不够专业，还无法准确锁定客户，显现自己的特色，尤其是知名度较低的品牌，所指必须有明确的指向性。

（3）不能违背消费者的心理

命名要真正触动用户的某种心理，极大地诱发联想和想象。很多人给微视频起名比较随意，容易"触犯"大众的逆反心理，不但无法引起用户关注，反而会让其产生厌恶感。给微视频拟名称，与给企业、产品命名的道理是一样的，除了要反映企业、产品的基本特性外，还要兼顾到消费者的消费心理、消费习惯等，要满足用户的求知欲、审美需求等。比如，"@极限运动"是个宣传运动的微视频，"@十月呵护"是个宣传孕育的微视频，这些昵称不仅实用性强，而且充满情趣，给人以丰富的想象与憧憬。

（三）微视频内容选择原则

1. 创新

创新永远是任何事物的生存之本，更何况以创意为主的各类微视频，因此，企业或品牌商在设计微视频时应顺应营销的多元化发展趋势，整合其他营销手段，整合多方技术，带给消费者突破性的体验。延伸移动营销的价值是企业微视频营销的有效手段。例如，微视频营销与传统广告、视频营销、店面促销、事件营销等独立营销方式进行整合，形成整体协同效应，最大化营销效果。LBS 位置定位、手机身份识别、AR 增强现实、重力感应、陀螺仪等新技术的不断出现，让微视频可通过技术整合，拥有以前传统营销方式内容上无法比拟的优势。

很多人好奇为什么微视频营销的效果这么好，一个很简单的道理：视频带来的传播效果永远是好于图文的。给你一张美女图片和一段美女视频，你选择哪个？如果再配上各种特效、音乐、色彩等，效果更好，更容易被接受。

微视频除了在技术上寻求创新外,还可以在内容方面去挖掘创新点。如与众不同、新颖奇特的创意内容与品牌或产品的核心概念相融合,能有效地反映出产品主旨或品牌理念,让消费者在观看微视频的过程中自然而然地了解产品和品牌信息,让用户在娱乐的同时对品牌形成一定的黏性,使其在选择此类产品时能更多地考虑自己的品牌。

"十月呵护"是一个用户黏性非常高的微视频,它的黏性为什么如此之高,靠的就是内容的创新。它的选材、表现方式与大多数孕育类视频不同,摒弃单一的说教,而是采用现场作画的形式,赢得了客户好感,从而将每个用户发展成为最忠实粉丝,造就了用户的良好口碑,进而在更大范围内有了影响力。任何一款微视频想要持续吸引用户,都必须不断更新,并根据用户需求调整,通过推出更便捷的服务来为消费者创造附加价值,提升品牌更广的影响力,树立良好的品牌口碑。

综上所述,在寻求微视频创新突破时,要善于从外、内两个层面入手,从外包括表现形式要新颖,推销方式要多样化,功能设置要合理,符合用户需求;从内包括要注重内容,为用户提供最有价值的信息,充分体现品牌的独特性和价值。

微视频营销是未来营销的主要发展趋势,正在以迅雷不及掩耳之势横扫整个业界。在不久的将来,微视频营销势必会代替传统营销模式,成为新的主宰。因此,每个企业都需要拥有自己的一款甚至多款微视频,以真正实现企业与用户的直接对话。

2. 有利于互动

互动性是微视频营销的一个主要特征,一个微视频靠什么吸引用户,主要就是通过与用户展开互动,而且,这种互动要具有持续性、创新性,能引导用户长久关注。例如,每日瑜伽 DailyYoga,是一个瑜伽培训基地推出的微视频,这里的每个瑜伽分步骤都是与顾客互动进行的。里面包含有多种瑜伽招式,除了有名的如半月式、虎式、摇摆式外,也有一些主题性瑜伽,例如办公室瑜伽、排毒瑜伽、热瑜伽和十分钟瑜伽等,为不同人群带来不同选择。这个微视频基本上都是以分解动作演示、语音辅助的方式进行。一个步骤一个步骤地教授,动作简单,易于学习,通过图解分解动作,用户可轻松地学会瑜伽动作。互动性将是未来移动互联互动广告的一个方向,可帮助企业的传统媒体广告更有创意地融合到(移动)互联网,激发传统广告的二次传播力。因此,增强微视频的互动性也成了企业、品牌商开发者们最关心的问题。

三、微视频营销的运作

微视频尽管是个技术活,但就整个拍摄过程的把控、拍摄技巧的掌握而言,仍是一个自然而然的过程。要真正发挥微视频在营销中的作用,最重要的还是运作好,这就需要管理人员积极布局,通盘考虑,明确方向,科学规划。同时,对微视频面对的潜在人群、市场进行全面的评估和考量。

(一)微信视频营销的平台运营

微视频平台存在的价值不仅仅是作为流量的提供者,还兼具微视频的运营功能。微视频的平台运营是运营工作的起始,对于微视频来说,平台运营的地位也不能小觑,因为平台是微视频的核心支撑。微视频平台运营包括制作运营计划、撰写脚本、拍摄微视频、制作微视频、选择平台、视频优化等工作。

1. 做好微视频运营计划

微视频虽然没必要像传统电影、电视那样精心策划和制作,但为了让营销效果最大化,也并非拿着智能手机随便拍一段视频上传到视频网站就可以了。要想制作一段优秀的视频,完成一个成功的微视频营销,需要构思,更需要深思熟虑。

进行视频营销是一件很严肃的事情,这对于一些拿着摄像机东奔西跑的拍客或视频爱好者来说,或许会觉得惊讶。但事实就是如此,微视频也像电影一样,追求票房(流量)和转化率。它作为商家和企业在商业上的运营手段而存在,必然有属于它的商业运营计划。只有做好计划,才能发挥出微视频这一新兴移动社交媒体与众不同的作用,增强其不可替代性,进而形成市场优势——差异化优势、成本领先优势和目标聚焦优势。

那么,我们应该如何从零开始,做好微视频运营的商业计划呢?做好微视频的商业运营计划,需要做好以下三个方面的工作。

(1)设定战略目标

对于商家或企业来说,营销有两个最直接的目标:品牌的曝光认知和产品的销售。无论企业选择什么样的营销方式,这两点都是最根本的目标。微视频的定位有两种方法,第一种是直接在公众号上销售产品、提供服务;第二种是通过将公众号打造成一个知识分享、经验传授的平台,而后带动用户接受、认可产品或服务。

（2）熟悉外部环境工作

外部环境主要从微视频的属性以及其他企业微视频营销的经验来分析。微视频核裂式的传播、多平台的分享等属性可以让企业的品牌快速传播，快速得到用户的认可。借助阿里巴巴和腾讯对用户移动端支付习惯的培养，用好微视频可以更好地实现移动端的商品出售。

（3）知晓内部实力工作

在外部环境已经就绪的情况下，最终能否真正实现营销目标，这就要从企业自身的市场布局和团队建设来衡量了。

一是布局移动电商，建设移动商城。无论是企业手机官方商城、微信商城，还是淘宝商城，一定要增强用户的体验效果。

二是微视频运营团队的建设，不仅要喜欢玩微视频，更要懂得微视频营销的方法。企业可以让员工参加系统的微视频营销培训，最好能提供一年的跟踪落地指导服务。

三是弄清楚此次进行活动的投资规模，因为从微视频筹划开始到微视频营销结束，每一个步骤都需要资金，如果没有弄清楚微视频营销的投资规模，就很难将微视频营销顺利地开展下去，尤其是在微视频拍摄的时候，会出现一系列的麻烦。

2. 写好微视频脚本

"剧本就是一切"，这句话一点也不夸张，每一部伟大的作品后面都有一个伟大的剧本。这一点，对于微视频来说，同样如此。只是，由于微视频短小、精练，不像电影那般悠长，所以在行业内，大家都把微视频剧本叫作微视频脚本。

如果我们在制作微视频时，一开始就能拥有一个好的脚本，这无疑会对后面的微视频营销起到事半功倍的作用。而且，脚本在创作过程中可以说是最不需要花钱的，因此我们在做微视频营销前，务必要把"不费钱"的这一步骤尽可能地做好。好的脚本能够提高微视频拍摄的效率和质量，更能抓住用户的眼球，达到传播的作用，对后期的剪辑也能起到指导作用。

3. 拍摄优质微信视频

俗话说"巧妇难为无米之炊"，要想进行微视频营销，就必须先准备好素材，对于视频的来源，最简单的是借用他人的素材进行重新加工，最复杂的就是自己拍摄完成。

（1）获取微视频素材

微视频素材是微视频的制作中不可缺少的材料，所以，收集制作微视频素材是我们要做的第一件事情。有许多途径可以帮助我们获取微视频素材,其中网络下载、视频录制、从手机设备(如光盘等)中复制、自拍自摄是最常见的途径。

网络下载:在信息爆炸的年代,互联网上的视频资源可谓五花八门、无奇不有,加上网络视频对素材要求并不高,的确算得上不错的视频素材来源。

视频录制:我们经常在微视频平台看到游戏视频或各类教程视频,这些视频并不是在操作的同时用摄像机同步拍摄完成的,而是利用屏幕录制软件,完完整整地将需要的内容录制成视频文件。除了游戏、教学等视频,对于实时在线播放的节目,如直播、聊天视频等,也可以通过录制屏幕的方式来保存。

从手机设备中复制:智能手机的普及,让摄影变得更简单,事实上,国内外有许多优秀的微视频就是用手机拍摄的,曾经就有人用手机来拍摄电影,经过多次拍摄和后期剪辑,最终制作了一部长达90分钟的"手机电影"。

自拍自摄:对原创性极强的微视频来说,自拍自摄才是最好的素材选择。随着数码摄像机(DV)、具有摄像功能的智能手机、平板电脑以及电脑摄像头越来越普及,自己拍摄素材制作原创视频已经不再是梦想,近几年,自拍自摄一跃成为取得微视频素材的最好途径。

(2)拍摄注意事项

一旦剧组成立,成员到位之后,工作就会走上正轨,这时需要每个人各司其职,做好本职工作。但是想顺利展开拍摄工作,还必须注意以下两个方面。

一是确定拍摄流程以及需要的时间。剧组每个成员需要的工作时间和工作量各不相同,导致有些工作人员开工较早(如制片人、编剧等),有些人员则是开拍时才加入(如摄影师、录音师等),甚至还有人员会等到拍摄完成才加入进来(如剪辑师等),所以,更需要我们对每个阶段,甚至每天的工作人员都做好充分的安排,确定工作时间和流程。

二是执行。到这里,一个完善的拍摄团队就组建完毕,并且我们也做了很好的拍摄计划和拍摄流程,接下来要保证顺利完成整个拍摄任务,只有两个字:执行。我们要严格执行每一项预算,控制开销,尽可能按拍摄计划来完成每天的拍摄任务。

4. 制作微视频

除了拍摄出优质的微视频,要进行微视频营销,我们还需要懂得一些微视频的制作方法。制作微视频的方法有很多,这里以八角星视频为例介绍微视频制作的具体操作步骤与技巧。

当我们下载注册后,打开八角星APP。

(1)点击最下面的"创作",进入"创作专栏"模块,在这个界面里,有八个小工具,分别是:视频相册、创意MV、节目制作、影片、朋友圈小视频、广告片、开场片头、自由创作,还有一个辅助工具AVM,可以一键生成个视频,很实用。

(2)以"自由创作"为例,请准备好要制作视频的一些素材,比如自拍的图片、视频或者从网上下载的一些素材。

(3)点击"自由创作",再点击"使用本模板",进入编排正片的操作界面。这个界面分为上中下三层:第一层是制作界面的预览窗口;第二层是一排选择素材的标题,有视频、图片、素材库、文字四个分类;第三层是直接连到你的手机相册,这里把你的相册分类都详细罗列了出来,让你选择素材更加方便。

选择预先保存到相册的素材,添加完以后,在预览窗口长按住任何一个素材都可以随意拖动位置,并且可以单击删除选中的素材或者单个编辑选中的素材,编辑时可以为这个素材加特效和配音等。

(4)素材编辑以后,再点右上角的"下一步",进入配音的界面。这里有推荐音乐、本地音乐和在线音乐三个分类。推荐音乐是系统默认的配音,本地音乐是你自己下载到手机的音乐,在线音乐是可以搜索歌名进行添加的音乐。选中音乐,点"使用"直接会进入"下一步",或者点右上角的"下一步"也可进入最后一个界面,这里可以给视频添加片名,如果你有自己的水印也可以自己添加,还有一个"封面"必须要选,这是在星场显示的封面,然后点"开始制作"。

(5)制作完成后系统会自动提示,在"我的作品栏"里即可看到。打开作品观看,如果有不满意的地方,在这里可以直接点"编辑"修改。如果你已经保存过了这个作品,如需修改必须先点这里的"复制"。确认无误后再去点"保存"和"分享"。

如果只在八角星自己的生态圈里分享,不需要购买积分。如果要直接转发到第三方平台,比如说微信、微博,它会自带官方的水印。所以我们要去掉这个水印或者要解锁这个成品,需要购买积分,点右下角的"去八角星水印"和"升高清"按钮购买相应积分即可解锁。

"升高清"是做什么用的呢?因为有些做好的视频要到大屏幕上去播放,如果像素不够的话,大屏幕上就会很模糊,因此八角星提供"升高清"的功能就是解决这个问题。

做好后,我们再次保存一下,就会保存到相册,这时就不带官方的水印,你可以自由发送分享到任何一个地方了。

5. 选择合适的微视频平台

当我们制作好微视频后,平台的选择对微视频营销非常重要。要进行微视频营销,就必须依赖于一个平台。所谓微视频平台,是指在完善的技术平台支持下,让互联网用户在线流畅发布、浏览和分享微视频作品的一个平台。要想做好微视频营销,离不开微视频平台,国内目前能上传和播放微视频的平台大大小小有 200 多个,很明显,我们不可能将微视频在每一个视频平台上都上传,也没有必要对每一个微视频平台都进行了解,我们只需要抓住其中几个权重高、流量大、有影响力的视频网站就可以了。

6. 优化微视频,达到二次传播

(1)关键词优化

影响微视频优化最关键的因素之一便是微视频的关键词,尤其是微视频的标题和专辑标题中包含关键词,对微视频优化最为关键。因此,在上传微视频之前,需要一定数量的关键词做准备,而关键词的选择和配置则跟搜索引擎优化(SEO)有一定的相似性。

(2)微视频的发布时间

微视频的发布时间对微视频优化的影响也至关重要。微视频发布的时间越近,微视频权重越高,对微视频优化越有利。

(3)微视频的播放次数

提高微视频的播放次数有两大优势,既有利于在搜索引擎中优化视频,同时如果播放次数多的话,微视频就可能进入平台的"最热播放"排行榜,如果成为热门视频,还有可能在首页或其他平台展示,从而进一步提高微视频的播放次数。

"最热播放"排行榜可以分为"每日最热播放排行榜""每周最热播放排行榜""每月最热播放排行榜"。首先要保证你的微视频进入"每日最热播放排行榜",接下来再考虑如何进入"每周最热播放排行榜""每月最热播放排行榜"。要想让你的微视频进入"每日最热播放排行榜",最快的方法就是让你的微视频在最短的时间内有更多的人观看。

(4)微视频的参与程度

微视频的参与程度对微视频优化也有一定的影响,微视频参与程度考虑的因素包括微视频的收藏量、微视频被"顶"的次数、微视频的评论数。当然,微视频的参与程度又与微视频的播放次数,以及微视频的内容有密切的关系。

(二)微视频的用户运营

移动互联网时代,得用户者得天下。任何企业,只要拥有足够大基数的用户,就会有强大的衍生能力。人们常说,微视频营销就七个字:产品、流量、转化率。做好微视频的用户运营,就能够有效提升流量和转化率。由此可见,用户运营是微视频运营最重要的一环。

1. 明确行业方向

微视频作为移动互联网的产物,与企业、品牌、商家联系紧密,无论进行什么样的营销,都要在用户面前体现出你的行业特征。如果微视频没有行业方向,用户就无法对你进行明确定位,给用户的感觉就可能是可有可无的。当微视频存在的意义不明确时,也就失去了必要性。

(1)在昵称上体现

一个微视频呈现在用户面前的首先是头像和昵称,如果昵称有特色,在成百上千万微视频中脱颖而出会事半功倍,而体现行业方向是使名称有特色的主要方法。例如,大家最常用的租车软件,它们的微视频昵称上基本都有"租车"一词;有些培训网站、培训学校最喜欢用的词是"培训"。然而,为微视频起个好昵称却不是嵌入某个关键词这么简单,还需要结合企业的经营范围、性质和产品或业务类型等更深入地去做内容。例如,一些化妆品、美容美发企业通常以自己的产品、品牌直接取名微视频昵称,"××护肤品""×××美容店""×××官方旗舰店"等。直接以产品、品牌名来命名微视频要谨慎,毕竟这样会导致目的性、功利性太强,会令大多数用户产生逆反心理。如果不是有硬性需求尽量避免这样做。其实,像化妆品类的企业完全可以做一个"美容百科全书"性质的微视频,为用户提供美容、美颜的方法、技巧等,当用户认可了你的微视频后,即使植入一些广告,用户也比较容易接受。

有些企业直接以企业名称为微视频昵称,这也是不可取的,除非你的企业在大众中已经有较大的影响力或良好口碑,否则,用户不会买你的账。例如,一个以分享生活、娱乐、美食等资讯的网站,微视频叫"余姚生活网",它是宁波一家叫"宁波网联网络有限公司"旗下的,已经成为当地的一个潮流生活平台。这样的命名很好,既有了企业特性,又附加了地域属性,可使用户轻而易举地知道:这是个什么平台,我能从中得到什么。

(2)在个性签名上体现

第一次关注某个微视频时,我们会看到首页界面上有个"功能介绍",相信每个人关注一个微视频号之前肯定会细致地阅读一番。这个介绍就是个性签名,可以很好地定位微视频的特性。唯品会在美拍账号上的功能介绍,还是大家熟悉的那句话"一个做特卖的网站"。即使有些微视频昵称比较模糊,通过这十几个或几十个字的介绍也可以明确起来。

个性签名可人为设置,一般为申请时提前设置好;也可不定期地修改,不过,每修改一次需要通过系统的审核尚可。

(3)在内容上直接体现

真正地体现微视频的行业特征,最重要的,也是最根本的做法还是在内容上直接去体现。即所推送的内容要时刻围绕着本行业,并且努力做出特色,不落俗套,给用户以崭新、别致、眼前一亮的感觉。只要把内容做好、做精、做出特色,成为行业的头牌,自然会让大众熟知,吸引更多用户关注。

做好以上三点,一个微视频的基本方向就明确起来了,当用户关注时也能在最短的时间了解到该视频是什么样的,观看后有哪些收获。

2. 做好用户运营

微视频用户运营的主要职责是:洞察和规划用户体验,推进每个环节在用户体验上的优化,提升用户在产品中的生命周期,并在不同阶段变现。

基于定义,我们会发现用户运营就是围绕"人"做两件事:一是让微视频体验不断优化;二是让微视频上的新老用户"玩"得更爽。基于这两件事,最后促进产品成交变现。在这个过程中,微视频和产品不断迭代,用户也在经历一个"从 0 到 1"的漫长时期。所以,用户运营的难度是非常大的。

那么,商家、品牌或企业要如何做好用户运营呢?本书认为,要做好微视频的用户运营,需要从以下方面入手:

(1)用户定位

什么是微视频定位? 所谓微视频定位就是你的微视频拍出来给谁看。这里的"谁"又分为两个层面:第一,看你微视频的观众;第二,肯为你花钱的观众。

就目标观众来说,你一定要给自己一个准确的定位。也就是说,你的微视频是给"80 后"看的,还是给"90 后"看的? 是给白领看的,还是大学生看的? 是给男性看的,还是给女性看的⋯⋯这些都要搞清楚。

目标观众确定后,第二层的"用户"就会慢慢显现出来。你的粉丝群是什么类型,你将来的目标消费群也是什么类型。例如,专注于研究生活方式的微视频"一条",投放的广告几乎都是家居用品类,而许多以吐槽、搞笑为主的微视频,可能以快消品为主要的商业对接。

如果你还对这个问题没有清晰的概念,那么我们通过"蘑菇娘娘"和"大胃王密子君"的案例对比来仔细了解一下。两者虽然都是美食类微视频,但因为它们的目标用户定位不一样,所以带来的效果也不一样。

"蘑菇娘娘"的目标用户是18～24岁的年轻女性,在她制作的美食微视频中,充斥着各种小清新的气息,菜品制作并不复杂,使用的食材也很常见,非常容易上手。这正是她定位的目标用户喜欢的内容,所以点击率一直居高不下。例如,"玫瑰煎饺"的播放量达到3 000万,收获27 000多个赞。甚至"人民日报"等微博大V都转发了他们的美食视频。

但是"大胃王密子君"却是另外一种定位,她的目标用户也是年轻人,特别是那些充满个性和生活热情的"90后"。这类人群对新事物有很强的好奇心,喜欢那些独特的、有创意的内容。"大胃王密子君"的吃货人设就这样牢牢地立住了。超级大胃王,除了吃就是吃,走到哪儿都能吃,还能把普通的美食吃出满汉全席的味道。

"大胃王密子君"通过这一特别的人设疯狂吸粉500多万,成为当之无愧的全民网红,而且秒拍微视频轻轻松松就能上排行榜前三,仅次于"日食记"。除此之外,她还把微视频和直播结合起来,常常做"吃播",她的直播在线观看人数高达60多万人。

与此同时,很多传统媒体也开始关注"大胃王密子君",例如,她接到了《天天向上》和《2046明珠号》等节目的电视邀约,出现在电视屏幕上,成为真正的人生赢家。

通过这两个案例的对比,我们可以发现,同样是美食类的微视频,由于定位不同,目标用户不同,最后走上了两条完全不一样的发展道路。

如今,微视频领域虽然是个香饽饽,但是这个领域的大门显然只对那些定位明确且精准的营销者打开。因此,做微视频营销一定要有精准的定位,清晰的规划,才能获得打开大门的金钥匙。而那些不明所以、不知所云的微视频营销只能被淘汰。

因此,做微视频第一步也是最重要的一步就是定位。先定位,再营销,良好的开端是成功的一半。

(2)从不同的角度洞察用户

现在的商业社会对目标用户的服务呈现出一种差异化和精细化的特点,用一句很通俗的话来说,就是"见人说人话,见鬼说鬼话",需要我们从不同的角度洞察用户,站在用户的角度想问题,提高他们的体验和感受,以最低的成本,做最好的服务。

做好洞察用户的第一步就是明确方向,所谓明确方向就是"洞察谁"。商家、品牌和企业要根据收集到的信息确定目标用户的特点是什么?男性居多,还是女性居多?消费能力如何?定位一定要精准。在一个产品的生命周期曲线下,清楚地知道在不同的阶段我们正和什么样的用户打交道。

微视频早期的营销用户有两种类型:创新者和早期采纳者,也就是通常所说的种子用户。这类用户对新产品的好奇心和关注度都非常强,他们更愿意当第一批使用产品的人,并且愿意为产品提出改进意见,对产品的忠诚度较高。

下一个阶段就是早期大众时期,在这个阶段,目标用户有很强的消费意愿,并且愿意把产品推荐给身边的人,企业一定要把握住这个时期,让产品营销上一个新台阶。到了晚期大众用户进入落伍时期,这类用户的关注点就转向产品的性价比,希望企业提供更优质,更到位的服务。

因此,对于微视频营销企业来说,处于不同阶段,就要对不同的用户进行调查分析,如性别、年龄、生活场景、使用环境、消费习惯等,以此来帮助我们进行画像式的定位,降低营销成本,把微视频营销的价值发挥到最大。

做好洞察用户的第二步就是提升用户留存率。说到提升用户留存率,其实从洞察用户开始就应该思考了。例如,用利益吸引用户注册。采用这一途径,最重要的是要让用户尽量留下有效的联系方式,如电话号码、微信、关联微博等,方便进行二次推广。除此之外,还要选择那些和自身产品相匹配的宣传渠道,拓宽渠道,多参加各个渠道的互动也很重要,这样有利于提高自己的曝光率和关注度,降低宣传成本。

根据用户提交的意见和建议,不断改善产品,提高产品体验,满足用户需求,让用户使用起来更加得心应手。我们可以做到以下几点:

①第一时间传递产品信息,如促销互动,新功能等;

②对用户提出的问题以及投诉要及时解决,建立专业的后期客服团队;

③对用户反映的信息要及时收集,并建立专门的数据库,帮助产品优化升级;

④对用户提供帮助和引导,如新手指南等;

⑤对老用户进行贴心服务,如送上生日祝福、优惠活动、新功能内测等。

(3)建立用户体系

企业想要做到精准营销,提升用户的产品体验,建立用户体系是根本。可以从以下几个方面入手,为每个用户分门别类。

①按用户属性分类:地域、性别、职业、收入、年龄、文化程度等;

②按用户活跃度分类:新用户、活跃用户、僵尸用户等;

③按下单频率分类:一年内,零订单、一个订单、2~5 个订单等;

④按用户价值分类:意见领袖,普通用户。

以上只是一部分划分用户的例子,行业不同、平台不同,分类的方式也不一样。商家、品牌或企业应该根据自身的具体情况,建立完善的用户体系。当用户体系足够成熟时,做微视频的精准营销就易如反掌了。

（4）提升用户活跃度

吸引到了客户，但是客户不活跃也是一个大问题。企业需要通过举办不同的活动，给用户制造一些刺激，不断在用户面前刷存在感，而消息推送是最直接、最简单的方式。

常见的消息推送方式包括公众号、APP站内信、微博粉丝订阅推送等。这些途径能够快速提高微视频的热度，提升目标用户的兴趣，唤醒沉睡用户。但推送是一把双刃剑，有的用户喜欢看推送消息，但是推送的过于频繁用户就会不耐烦，甚至麻木。除了策划活动、推送消息之外，还可以通过建立用户成长体系的方式来刺激用户的活跃性，如每日签到打卡、登录获得积分升级、每日特价等。

（5）用户维护

做用户维护就像做产品售后一样，不是把东西卖出去就万事无忧了，后期对客户的服务也能决定企业或品牌是否能走得长远。对用户进行维护就是要随时对用户进行回访，充分理解用户的需求，并且在产品中体现出来。例如，从微信、微博、贴吧、QQ群等途径收集用户反映的问题，并且及时做出改进和反馈，拉近和用户之间的距离，最好建立一支专业的客户队伍，只有这样，才能让用户路人转粉，粉转死忠粉。不仅如此，还要学会和用户打成一片，从那些愿意和自己互动的用户中选出一些格外活跃的用户，发展成自己的编外人员。有什么活动，他们优先参加；有什么新产品，他们优先试用；有什么优惠，他们优先获得，通过这些用户去影响新的用户。在如今这个流量至上的年代，谁拥有的用户多，谁取胜的可能性就大。

不管你通过什么途径进行微视频营销，只要你有足够多的用户，就不用担心变现的问题。用户运营对微视频来说是重中之重，哪怕产品做得再好，视频做得再有创意，没有用户做基础，营销永远都不会成功。

四、微视频营销的未来发展趋势

（一）微视频＋直播

"微视频＋直播"是指电商直接通过微视频平台直播售卖产品或服务的一种商业营销模式。"微视频＋直播"为电商发展提供了新的思考方向，为微视频变现指出新的方法。面对这种新的营销模式，我们可以毫不夸张地说，"微视频＋直播"确实是绕过BAT的另一个机会。

1."微视频＋直播"的优势

当直播与微视频结合之后,两者相辅相成会让直播变得易于掌握。微视频具有时间短、容错率高、成本较低的特点,可以弥补直播对于碎片化时间的市场短板。二者的结合可谓取长补短,能产生较好的营销效果。精彩的微视频内容可以让粉丝充分了解微视频内容创造者的风格与气质,而直播的真实性与互动性可以抓住粉丝的话题和目光。"微视频＋直播"这种社交模式,加深了创作者与粉丝之间的关系,提高了用户的黏性。"微视频＋直播"对营销来说,具有以下两大优势:

(1)吸引流量,缩短购买决策

可以将直播过程中大量的视频内容,通过再次精心编辑,剪辑制作成微视频,用这个微视频来吸引流量,最后在下次直播中点燃粉丝心中那把热情的火焰,完成营销行为。以电商为例,电商通过"产品微视频""小剧场"和"买家秀"等方式从正面或侧面介绍产品特点,再开通直播喜迎消费者观看,从而可以大大缩短消费者的决策时间。

(2)实现二次传播

内容创作依然是直播的重点所在,UCC模式缺乏专业的制作团队,没有完善的创作流程,无法保证最后产生视频的质量和效率。而PGC的模式本身即以内容作为根本,互动交流为辅助手段,PGC以专业生产内容的价值为盈利点。

例如,从不看颜值,只贩卖营销智慧的财经直播,就是一个非常典型的PGC模式,财经直播内容本身的含金量很高,在直播时设有门票,用入场门票的方式很容易就将真正有需求的观众区分了出来,当直播结束后,使用微赞的视频上传功能,提取内容亮点并添加合适的字幕。这样很容易进行二次传播与收费。

总之,"微视频＋直播"这种新型的营销方式,并不是单纯的"1＋1"。在利用互动性极强的直播拉近与粉丝关系的同时,微视频必须依靠强大的传播能力,一方面,要保持直播间的热度;另一方面,要不断为直播增加新的人气。研究如何正确使用"微直播＋视频"来营造粉丝流量的大爆发,并顺利地将流量转换为盈利,才是我们目前急需突破的重点。

2. 直播平台驻入微视频战场

微视频的大爆发,促使许多直播平台也开始试水微视频玩法。陌陌、花椒、映客等直播网站纷纷上线微视频功能。不仅如此,这些平台也在努力寻找平台自身与微视频更加契合的模式,力争让微视频发挥出更大的优势。

（1）用内容留住观众，激发他们热情地参与

首先，我们需要搞清楚观众为什么看直播？也许是想打发时间，也许是想得到新的信息等，但是他们进入直播间时都有一个基础的共识——观众希望与镜头后面的品牌或者团队有双向交流与讨论，这也是直播之所以存在的基础，所以绝不会有人想要看你在直播里长篇大论，夸耀产品的种种好处。

让我们先来做个投票，具体了解这个问题：

下面两个内容，你更想看到哪一个？

车内生存挑战赛，24小时全程直播。

老司机带带我，让我们聊聊车里车外的奇葩奇幻经历。

上面的直播内容，人们大部分会毫不犹豫地选择第二个，第二个其实是虎嗅网"创夜公寓"栏目出现过的直播主题，虽然现在看这个节目框架的时候，觉得有许多需要修改的地方。毕竟，直播的观众很少能超过几十万乃至上百万，在这个"好奇心害死猫"的时代，一丁点儿动静都可能吸引来一大批嗅觉灵敏的"吃瓜群众"。而作为企业和商家，需要研究的是，什么样的直播内容可以留住观众，并且激发他们热情地参与。

（2）正确使用直播时间、频次和提醒

一场好的直播，在选择直播时间上就应该慎重，直播的时间、频次都需要慎重思考。这两点会直接影响到直播内容的实际达到率。开播时间与频次直接对接观众活跃度，需要我们定期与粉丝互动。直播间需要依赖观众主动获取，一般我们会多次提及和大规模传播，这样才能扩大接收观众的范围。为保障用户能及时收看直播，前期提醒必不可少。

（3）扩散口碑事件

品牌和商家要进行直播，首先需要扩散口碑。什么是扩散口碑事件呢？就是企业或商家在消费群体中选出一些产品的铁杆粉丝，在这些铁杆粉丝中建立参与感持续"发酵"，然后把企业或商家与粉丝之间互动时产生的有趣内容包装成可传播的话题，成为口碑营销裂变。充分利用"以点带面"的方式，一传十、十传百地扩大影响规模，甚至影响到百万、千万用户参与到互动规模中来。同时，需要进一步满足已参与用户的成就感，这样参与感才会形成螺旋状扩散，并产生足够的风暴效应。"扩散口碑事件"进行的途径一般包括两种：一是在和观众互动的过程中，依托发现的话题进行深度的专题事件传播；二是在开放的产品内部植入鼓励用户积极分享的机制。

（4）勿将直播间变成自己的舞台剧

从没有一场微视频直播营销不经过认真策划就上线的，所以每个流程都需要认真细致。但是观众进入直播间，是本着"看戏不怕台高"的心态，他

们反而希望直播能出糗或穿帮,这才是他们想要的娱乐性与心理上的满足。所以,企业和商家在直播尤其是深度互动直播时,千万不可自作聪明,将自己当作直播理所当然的主角。

(二)微视频＋网红

从本质上来说,"微视频＋网红"骨子里其实与传统意义上的视频直销一般无二,如果要说有什么不同,那就是从主持人单向讲解营销,变成了网红与观众之间的互动。比起传统的微视频,"微视频＋网红"的组合模式更加生动,具有娱乐性。

"微视频＋网红"模式能够与粉丝直接互动,产生更多的感性消费,能够吸引高忠诚度的粉丝用户,并且通过网红的超级传播力,可以将品牌影响力扩散出去。所以,"微视频＋网红"的模式无疑是企业、品牌与商家营销上的一场及时雨,能否利用"微视频＋网红"从中得到更多的利益,取决于是否能够抓住良机。

1. 要具备"网红思维"

企业、品牌和商家如果想要搭上"微视频＋网红"的顺风车,首先必须在多年的传统经营思维中注入"网红思维"。归纳起来,企业、品牌和商家要具备以下两大"网红思维"。

(1)产品最重要

"重视产品要多于重视营销",这是"网红思维"的首要表现。在企业习惯的营销模式里,营销的作用经常被放大,甚至会忽视产品本身。有些企业甚至认为好的营销才能给企业带来销售额与盈利,至于产品"差不多就行了"。

但在"网红思维"里,对产品的重视程度要远远高于营销。网红运营产品的背后是庞大的互联网,在网络的媒介下,网红产品是判断粉丝心理与需求的产物。将粉丝转变为消费者才是网红变现的基础。基于上面的原因,网红们在微视频中会把重点放在与粉丝的互动中,认真了解粉丝的喜好与需求,有的网红甚至把尚在研发阶段的产品放到微视频上,将选择权交给粉丝,只有那些粉丝们选出的产品式样才会投入生产。

以经营服装类淘宝店铺的网红为例,每次店铺推出新品前,都会先进行选款、设计、搭配,然后送到工厂制作,在选款、设计、搭配等前期工作结束后,网红可以通过微视频在社交平台上征集粉丝意见,待到最终产品上架后再通过微视频向粉丝展示和推广。

这种网红的"重视产品多于重视营销"的思维,对企业、品牌和商家是一种极好的借鉴,这种思维是企业、品牌和商家能否做好"微视频＋网红"营销的关键所在。

(2)获得更多用户反馈

互动是为了得到更多用户反馈——这是"网红思维"的第二种表现。在如今的企业营销方式里,网络互动营销推广已深受好评并有广泛的运用,微博、微信、微视频等各种方式令人目不暇接。"互动"是指企业、品牌和商家利用"微视频＋网红"与消费者双方的沟通。但就现在来说,这是不少企业的短板。许多企业、品牌和商家的网络互动平台常常只是摆设,并没有真正实现互动,因而也达不到真正的推广效果。

即时获得用户反馈才是"微视频＋网红"营销模式中互动的根本目的,而不是营销贩售产品。关于这一点,企业、品牌和商家可以利用以下三点达到效果。

一是创造个性化内容。网红作为微视频内容的输出者,有着比企业更强大的内容创造能力。

二是粉丝反馈互动。网红对粉丝反馈的重视程度是企业所不能比拟的,因为网红们知道,只有在粉丝的反馈里才能看到他们的需求,他们经常通过由反馈之后叠加的互动,来增加粉丝的忠诚度。这就是为什么我们常常看到,在线直播的网红永远都会在第一时间内回复粉丝的弹幕,为什么高质量的微视频留言也会即时得到大 V 们的回应。

三是互动内容基于用户需求。要想网红通过微视频输出的内容获得用户反馈,就要保证网红在微视频中的内容符合用户需求,这也是网红能迅速获得用户反馈的重要因素之一。

2."微视频＋网红"的成功营销来自分享互动

互动是获取用户反馈信息的必要手段。综观如今成功的"微视频＋网红"的营销案例,其成功的基础无不来自成功的分享互动。

例如,小米公司在营销上之所以能取得成功,主要就是因为与用户之间的有效互动做得好。2017 年 11 月,小米也开始了"微视频＋网红"的营销尝试。作为企业超级网红的雷军,在美拍里鼓励小米的粉丝们卖起萌来,而且参与活动的门槛非常低,只要关注小米手机的美拍官方账号,发卖萌微视频并打上话题♯卖萌不可耻♯就可以了。

♯卖萌不可耻♯的美拍相关微视频,在短短几天内播放量一下子突破了 1 000 万。因为美拍平台同时兼具社交媒体与视频拍摄工具双重身份,又打通了微博、微信、QQ 空间、Facebook 等社交平台,因此小米这个互动活动在传播上也得到了很大的延伸。用户参加活动拍完微视频的同时,也会同步分享到其他平台。如在微博上，♯卖萌不可耻♯的相关话题有2 853.4万的阅读量，这是一个相当大的曝光量。

小米公司是非常明显的网红型企业的代表，小米的成功案例告诉我们，成功的互动是"微视频＋网红"营销成功的基础，网红通过互动与客户形成"共鸣"，这才是营销活动最为坚实的基础。以下三个技巧可供一试。

（1）加入娱乐成分

分享互动首先要迎合粉丝的特征。针对目前互联网粉丝反映出来的种种特性，互动的内容首先要加入娱乐化的成分。这是一个全民娱乐的时代，过于严肃的互动话题不会引起互动对象一丁点热情和回应，只有增加了"娱乐化调料"的互动，才会引起互动对象的兴趣，使他们自动参与进来。

如今，无论是过去特别严肃的综艺电视节目，还是以往台风严谨的歌唱家和演员们，当他们与观众进行互动时，也不忘说几段笑话，这么做的目的就是为了博观众一笑，提高节目或者个人与粉丝互动的质量。所以，对于企业、品牌和商家来说，如果想要得到用户的认可，就一定不能继续"高高在上"，只有放下身段，利用"微视频＋网红"和粉丝、用户热情互动、打成一片，才能真正了解客户的需求，满足他们的愿望，收到好的营销效果。

（2）找准"关注点"

网红经济有一个非常重要的特质，就是"关注点"。大获成功的网红们，身上一定都有着吸引人们眼球的关注点，如美貌、文笔、才艺、背后的故事等。这些"关注点"在互动时将会引发粉丝浓厚的兴趣，在互动时能够制造出话题，并提升互动效果。

"微视频＋网红"营销中的互动，并不是简单的你一句我一句，如果想要取得好的效果，需要企业或商家投客户的喜好，输出对方感兴趣的"积极"话题，而这正是用户对你的"关注点"。所以企业与商家首先要找出自己能吸引用户的关注点究竟在哪里。

（3）传递品牌意识

网红经济从本质而言是因为"美丽"，因为"美丽"而获得注意力，从而产生的营销经济。所以对网红而言，成功的周期如果想要延续下去，除非得到品牌的引导。因此，网红会相应调整互动的层面，慢慢增加对品牌信息的传递，网红们从一开始的产品推销转而迈向对个人品牌的宣传。这个时候网红们已经意识到，如果一味停留在卖货上，那么自己始终不过是销售员的角色，这种不能给粉丝提供除产品外任何附加价值的模式，已经落伍了。除了网红销售的产品种类日趋丰富、价格低廉，在产品之外，粉丝还需要获得额外的价值，这才是网红存在的真正意义，网红们的重点就是要成功地赋予粉丝们寄托于产品价值之上的、更多的情感价值。

所以我们看到,很多网红已经开始着重与粉丝建立情感的纽带,这一点是网红通过与粉丝互动来传递品牌意识而最终达到的。曾经做过模特的蔡珍妮,给人的印象是精致的面容、个性有型的穿搭、爽朗的性格,在互联网上也是备受追捧。蔡珍妮一手创办了淘宝店铺 niconico,凭借曾做过模特的优势,她在微视频中与粉丝们分享自己在美妆和服饰上搭配的心得。她深深地知道自己的粉丝最关注的是哪些内容,通过持续不断地内容分享与互动,蔡珍妮的个人化妆品牌已经深深嵌入了粉丝们的脑海,粉丝的黏性也得到增加。

(三)微视频＋大数据

如今,做营销就好像在做一道未知口味的菜,而使用的营销手段就好像不一样的材料和佐料,因为个人喜好不同,做出来的口味也不一样。但是这道菜迟早要端上桌面让大家品尝的,所以,如何在茫茫人海中一眼就认出谁是喜欢这道菜的人,这就要靠大数据的力量了。

1."微视频＋大数据"的营销优势

数据流化使得营销行动目标明确、可追踪、可衡量、可优化,从而造就了以数据为核心的营销闭环,即消费—数据—营销—效果—消费。

"微视频＋大数据"的营销优势主要表现在两个方面,即数字品牌和效果营销。数字品牌发展的核心就是提高品牌的价值和资产,对品牌进行优化。这里说的数字资产不仅仅是品牌的知名度和口碑,更重要的是品牌和消费共同产生的价值,从而让品牌的各项数据商业化,进行有针对性的宣传营销。

有人觉得,品牌会把提高数据当成日后运营的重点,品牌所有的工作都是围绕着提升数据展开的。毕竟数据的范围那么广,随便运用几个都能带来意想不到的收获。但是在数据时代,一个企业不仅仅是在收集数据,也在制造数据,同时也在影响着数据。如何利用这些数据为自己日后的营销提供更多选择,才是正确的思考方向。

2. 做微视频的大数据营销

在精准推送方面,微视频平台仍然需要努力。目前,在用户观看视频的过程中,广告配对得还不够精准。美拍就是根据百度大数据搜索,做到了精准的广告投放。具体来说,微视频进行大数据营销有以下要素。

（1）转变视频模式

传统的微视频主要以搞笑、明星八卦等内容为主,形式单一,内容选择上过于狭隘,实现方式也没有什么花样。但是现在的微视频领域,因为时间有限,所以在内容上应该考虑如何在最短的时间内抓住观众的眼睛,因此,微视频创作者们在视频模式上一定要颠覆以往的惯性,让视频形式越来越多样化。

(2)在发展初期用数据来指导内容方向

在微视频平台建立初期,还没有具体方向的时候,可以借助数据的指导来确定方向。例如,你面对的人群是一群"吃货",那么微视频就可以以美食为主要方向,然后再进行具体的数据统计,决定具体的工作该怎么做。在早期,可以根据用户点赞的数量分析用户喜欢什么样的美食视频,根据数据统计进行内容优化。

(3)通过引导数据的操作来释放稳定的内容生产

微视频发出去就万事大吉了吗?并不是,发布后各个方面的工作也很重要,在这个过程中,可以通过数据引导进行下一步的工作。

(4)用数据指导发布时间

每个微视频平台都有自己观看量巅峰的时候,如何利用好这个流量巅峰也是个技术活儿。所以,针对不同的平台,我们可以试着手动记录一些数据。

例如,在不同的时间段推送内容,然后通过数据统计哪个时间段的播放和分享次数最多。如秒拍、快手等,可以对平台的数据曲线进行观察,而像FACEU这样的平台刚刚上线,没有那么多实时数据供其分析。点赞的数据恰恰相反,点赞数据通常24小时后不会再变化,但是在一些媒体平台上会出现集中点赞的情况。例如,头条新闻有好几个发布时段,上午10点、中午12点、下午4点、下午6点、晚上7点等,通过数据分析,晚上发布新闻后的点击率比较高。但是还有一点需要注意,下午6点之后,有一段审核时间,这个时间是无法估计的,一般来说,5~6点发布微视频的审核时间会更快,晚上8点以后会比较长。再如秒拍平台的发布时间一般是中午12点、下午6点、晚上10点左右的阅读量比较好,平台可以根据这些数据,确定自己的具体发布时间。

(5)用数据选择运营力量的聚焦点

在内容上,我们主要看微视频的平均播放时长和退出率。通过数据分析可以发现,平均播放时长较高的视频在内容上肯定会很精彩,更加吸引粉丝,如一些搞笑类、八卦类、彩妆类视频。退出率较高的微视频主要分为两种情况:一种是内容太贫乏,让人根本看不下去;另一种就是标题党,视频内容和标题相差太多,让人大失所望。每个平台都有自己的数据统计,通过这些数据了解每一个平台的特点,能够帮助大家更好地展开营销活动。

第四节 手机客户端营销

手机客户端作为登入移动互联网最便捷的方式扼守着移动互联网的第一入口为企业进入新媒体营销时代开辟了一条康庄大道。手机客户端为企业提供完善、便捷、多样、高效的移动营销为依然徘徊在移动营销门外的企业提供了一条可供借鉴的营销模式和企业实现信息化之"道"。目前以手机客户端进行营销可以通过很多渠道。

一、应用商店

(1)应用商店:即通过开发者平台上传应用,这些平台包括硬件开发商(APPStore,Ovi)、软件开发商(Android Market,Windows Mobile Marketplace),网络运营商、独立商店,以及一些 B2C 应用平台(Amazon Android APP Store)。

(2)独立商店:机锋市场、爱米软件商店、优亿市场、掌上应用汇、安卓市场、安智市场、开齐商店、N 多市场、安卓星空、巴士商店、XDA 市场、安丰下载、力趣安卓市场。

(3)客户端应用网站:

A. 国外:具有应用网站推荐和搜索功能的网站 Appoke、AppStoreHQ 等,应用推荐擎引 appESP、Applolicious、Chomp、AppsFire、AppBrain、Appboy、AppAware、Smokin Apps、iApps. in 等,对于 Facebook 好友使用产品的跨平台应用推荐引擎 16apps、Apptism、Freshapps、ScatterTree、Frenzapp;与门为开发商打造的推荐平台 Sidebar;iPhone 应用推荐平台 Chorus 和 Appsaurus 等。

B. 国内:苹果手机客户端应用电子市场推广网站

51iPA:http://www. 51ipa. com/

hiipad:http://www. hiipad. org/

App43:http://www. app43. com/

苹果 i 派党:http://www. ipadown. com/

搞趣网:http://gao7. com/

派宝网:http://www. 5iipad. com/

FreeAPPinfo:http://www. freeappinfo. com

等等。

二、APP 植入手机应用平台

如何把自己制作好的手机 APP 让更多的人员来使用,在手机中展示给用户使用呢? 那就需要更好地提高手机 APP 的应用量。这需要通过手机厂商来操作此事,这个要花费高额的费用才能实现这项功能。虽然这笔费用很高,但是使用量是很不错的。

三、专业性媒体报道

目前有一种最有效推广方式就是提高应用的媒体曝光率,尤其要注意选择那些具有权威性、高评价应用的媒体。在众多的宣传中,媒体的作用还是很大的,它可以吸引很多的公共关系。针对手机客户端,开发者都应该配有一名公关人员。而且,让相关应用信息应用到网络中来实现宣传的曝光率。然后通过 Facebook、Twitter 等社交渠道进行病毒式传播,这种方法也不容忽视。

四、网络广告

网络广告对宣传手机客户端推广带来很多流量和提高知名度都是很有效的,有助于更好地展示给用户。

(1)网络广告:硬广、媒体广告、搜索广告等宣传方式。

(2)移动广告:这方面最早比较知名的是 google Adwords 的移动版,但是之前一直受限于移动网络的发展,随着 google 收购 Admob,从而开始了移动手机网络广告的推广,这也促使我们使用 Apple 的 iAD 得到快速的发展。在国内做推广的移动广告平台效果也是很不错的,可以按照 CPM、CPC、CPA 进行付费。

五、按安装次数付费

推荐开发商使用 Tapjoy 网站的功能,曾因欺骗性广告事件遭到了信誉的危机,在业界失去了信任,但是目前该公司开始慢慢地从信誉中得到肯定。GetJar 提供按下载次数付费(pay-per-download)的广告推广案例,让开发商根据下载次数,出价竞购 GetJar 应用商店的黄金广告位。开发商还可以自己设定每日最大广告预算,使用 GetJar 的独家信息服务,推广基于地区、手机运营商定位的多种促销活动。这种解决方案的竞标系统与谷歌 AdWords 提供的服务类似。

六、免费发放应用

对手机客户端进行限时免费促销同样是行之有效的手段，GetJar 推出了"GetJar＋"这项试点工程，让开发商供应无广告、无注册要求、无其他附加条件的高级应用程序，而且 GetJar 会付钱给开发商，在一定的时段，将这些应用无偿供应给网站访问者，开通过在线广告收回成本。

七、社会化平台推广

OpenFeint 为用户提供了一些免费游戏下载的业务，目前仅面向 iPhone 和 Android 用户开放，但如果你的手机游戏应用程序加入该平台，客户端的曝光率会大大得到提升。这个事情要注视起来才能得到很好的推广效果，目前还没有比较成熟的公司在做这个业务。手机端的应用更具有应用使用倾向性，它是以应用为主导的，即有 SNS 功能的应用，不是有很多应用的 SNS。这些应用可以随时邀请各种 SNS 平台的用户加入，形成自有的应用使用体系。上海第九城市应用手机客户端率先引进国外 OpenFeint 引擎来推广自己的手机客户端信息更好地提升自己客户端的下载量和曝光率，开发了九城游戏中心，以迅速布局中国手机游戏社交网络。

八、二维码线下推广

通过二维码来带给企业很好的业务拓展，更好地做好新的营销活动，其中二维码电子优惠券就是一种推广方式，更好地吸引用户使用。用手机扫描二维码就能直接取得优惠券的信息，用于购物。通过线下的推广方式可以让更多的用户来扫描二维码获取更多的企业信息，从而宣传企业文化，进行企业产品推广。用户可以通过杂志、报纸、DM 宣传单等推广渠道获得应用下载链接。

第四章　网络直播营销

2016 年上半年以来，"直播"就成为创投圈的第一热词。一夜之间，几乎所有的社交、电商、媒体、餐饮、旅游、汽车、在线教育、电竞游戏等企业都纷纷开始做起了直播的生意。品牌商们由言必称"社交""O2O"转向了言必称"直播"。在这场"百播大战"中，马云、雷军、马化腾、王健林等领军者已经纷纷在直播界注入资本并收获了累累硕果。整个直播营销一片欣欣向荣的景象。

第一节　网络直播平台的选择与运营

一、网络直播平台的选择

(一)网络直播平台的分类

我们将直播定义为：基于互联网平台，将现场直播以视讯的方式上传，以供用户进入网站观看的传播形式。

不管是企业还是个人，选择一个适合自己的直播平台尤其重要。直播平台，归纳起来，主要有以下四大类。

1. 游戏直播

2014 年，国内的直播平台还屈指可数，而观看直播的人也仅仅局限于资深的游戏粉和电竞爱好者。让人不可思议的是，在短短两三年的时间里，直播平台如雨后春笋般争相涌现，不少直播平台的后台还相当硬。比如王思聪的熊猫 TV，不仅签下韩国当红组合 TARA，吸引了一大批宅男粉，还通过各种媒体铺天盖地的宣传，使游戏小白都知道了熊猫 TV。

游戏直播就是把游戏作为主要内容，以电子竞技比赛和电子游戏为素材，由主播实时解说或演示游戏过程的服务。

目前,国内游戏直播的用户主要集中在斗鱼、虎牙、战旗、龙珠、火猫、熊猫 TV 等直播平台。

(1)游戏直播平台的特点

现在的网络巨头之所以特别重视游戏直播平台,是因为这类平台吸引流量的能力非常大,庞大的用户群和可观的网络流量对于抢占行业制高点和进行商业变现都是最有力的依托。为什么游戏直播平台能吸引如此多的观众呢?它的魅力在哪里呢?归纳起来,游戏直播平台主要有以下四个特点(图 4-1)。

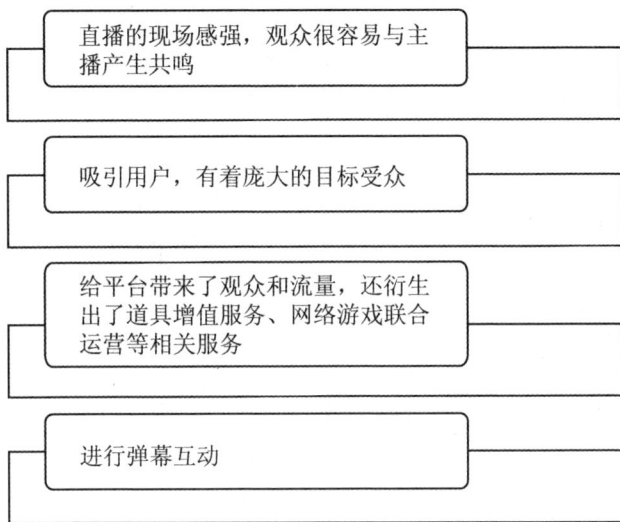

直播的现场感强,观众很容易与主播产生共鸣

吸引用户,有着庞大的目标受众

给平台带来了观众和流量,还衍生出了道具增值服务、网络游戏联合运营等相关服务

进行弹幕互动

图 4-1　游戏直播平台的特点

(2)游戏直播平台的变现模式

总体来说,国内的游戏直播行业还处在"烧钱"的阶段,但是其摸索出来的一套变现形式初见成效。国内直播平台的变现形式主要有以下两种:

第一,游戏直播平台与游戏厂商联合运营。简单来说,就是游戏厂商把自己的游戏链接放在直播平台上进行推荐,观众通过平台的链接进入游戏,当观众玩到一定等级或者消费一定金额后,就能够获得对游戏帮助极大的道具或秘籍,这就极大地刺激了观众的消费欲望,游戏平台能从中得到一部分提成,游戏厂商也能借助平台为自己的游戏做推广。

第二,来自网络秀场的虚拟道具增值服务。虚拟道具就是我们通常所说的"飞机""游艇""法拉利""玫瑰花"等,观众需要在直播平台上花钱购买这些虚拟道具,然后把这些道具"打赏"给主播,以表示自己对主播的喜爱和支持。"打赏"越多,主播的收入越多,观众的等级越高。购买道具的收入由主播和直播平台按照一定的比例分成。这种方式变现迅速,开发空间也非常巨大。

2. 秀场直播

秀场直播有三个突出特点,即行业格局稳定、铁打的秀场和流水的主播。比如 YY 主播以其强大、稳定的功能和人性化的设计一直备受各主播的青睐。它的秀场直播一直存在,只是表演的方式和内容稍有改变,主播换了一批又一批。

对此,中国投资资讯网从秀场直播的用户年龄、主播工资情况、用户性别和主要收入来源进行了分析,得出以下结论(图 4-2)。

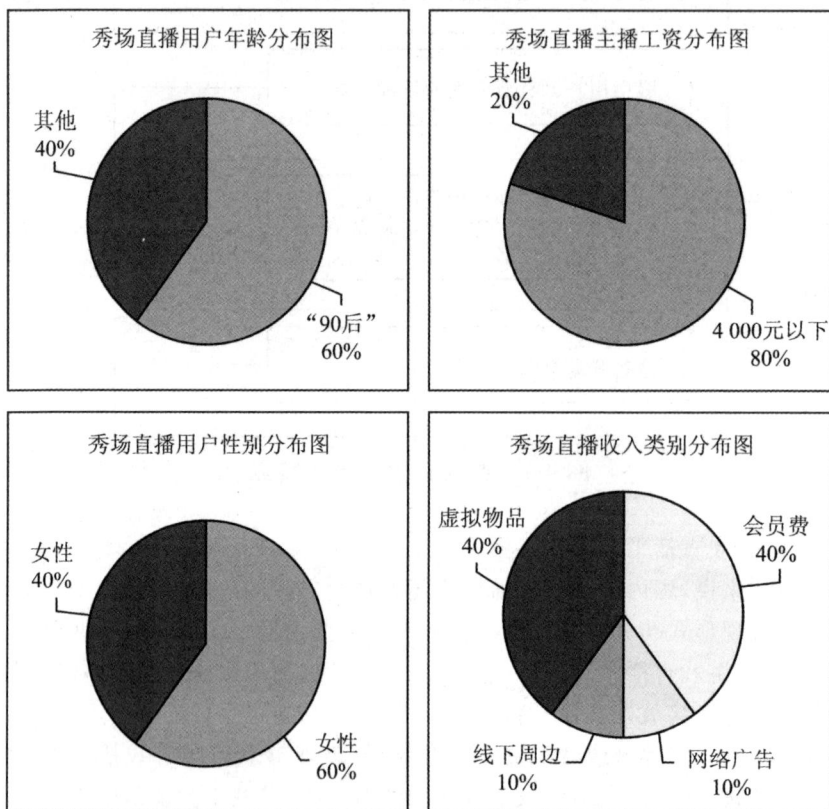

图 4-2　秀场直播分析(数据来源:中国投资资讯网)

秀场主播的固定收入是由主播和平台的签约费及工资构成的,主播想要获得高收入,就必须想办法让粉丝多打赏。

从收入类别来看,秀场直播收入分为内容及服务收入、广告收入和其他隐性收入。对于内容与服务,又分为增值付费和预付费,前者的代表是YY、56、六间房等。例如,YY 的主播号召粉丝购买虚拟礼物、虚拟鲜花等,之后主播和秀场进行分成。

从收入分成来看,YY 和 9158 的模式存在公会环节,主播、公会、平台三方的大致分成比例为 3∶1∶6,根据具体情况会有所调整。六间房的模式没有公会,主播与平台的分成比例大致为 4∶6,根据具体情况也会有所调整。

我国的直播经过一段时间的发展和改进,出现了综艺节目、歌唱类节目、小品等娱乐性质的表演,这些表演成为秀场直播内容的新类型。

秀场主播涌现出了多个成功案例,激发了民众对直播的向往。但大量主播的出现并未带来内容的多元化,反而出现了严重的内容同质化现象,使得人们对秀场直播的热情开始减弱,秀场直播不得不开始转型。

3. VR 直播

由于谷歌、Facebook、三星等跨国企业在 VR(Virtual Reality,虚拟现实技术,是一种多源信息融合的、交互式的三维动态视景和实体行为的系统仿真,使用户沉浸到该环境中)软硬件生产方面所取得的实质性突破,VR从概念逐步落地为各种产品,将 VR 应用于视频直播领域后,开启了一个全新的直播时代。

与普通的视频直播相比,VR 直播能为用户提供 360 度的全景画面,将会有更强的视觉效果及沉浸式体验、触手可及的场景道具及逼真的直播环境,能极大地增强用户的参与感及忠实度,最终使视频直播产业实现跨越式发展。

在国内市场,花椒直播在 2016 年 4 月举办的北京车展中通过将移动直播与 VR 技术融合,为用户带来了极致的视听享受;致力于发展体育 VR 直播的微鲸科技,为用户提供了包括中超联赛、足协杯赛及业余足球联赛在内的诸多国内优质足球赛事。

花椒直播 2016 年 6 月运用虚拟现实技术,发布第一个 VR 直播平台。但是,虚拟现实技术的发展目前还处在探索时期,直播与该技术的结合是否能够达到预期效果,占据优势地位,将竞争对手比下去,确切答案现在还无从知晓。

(二)直播平台的选择

作为一个新主播,我们该如何选择适合自己的平台呢? 直播平台的选择在很大程度上决定着主播是否能直播成功。下面就向大家提供一些关于选择直播平台的方法和建议,新手主播选择直播平台可以从以下三个维度入手。

1. 看平台人气数

目前,各大网站统计的平台关注数量还是比较靠谱的。新人在选择直播平台时,不妨看看该平台高排名、高等级的主播的关注数有多少,这很能说明这个平台导量的大小。

2. 根据自己的能力和特长选择

对于有表演欲望和解说天分的人来说,直播简直就是展示自我的天堂。如果用户按捺不住自己的野心,就要选择一个适合自己的平台。

首先,要对自己的能力和才华有清晰的认识。一个优秀的主播必须有优美的声音、迅速的反应和超群的视频操作技能。如果你觉得自己有做主播的天赋,并且具备了主播该有的基本素质,那么你可以选择观众比较多的斗鱼或者 YY。

如果你对自己的能力和经验不自信,那么可以在虎牙和 9158 中选择。对于主播新人来说,并不是观众越多越好。如果你的能力不够,你的观众很快就会被超级主播抢走。流量比较大的几个平台,主播数量已经可以满足观众,但在一些观众相对较少的平台,很容易找到空白领域,而且签约的门槛也比较低。

如果你只是对直播感兴趣,没打算做职业主播,那么选择哪个平台都无所谓。需要注意的是,每个平台都有自己的特色和侧重点。比如 YY 直播和花椒直播的娱乐性很强,喜欢娱乐表演和户外直播的观众会比较多;而熊猫 TV 在"DOTA 2"项目上拥有优势,在这里可以找到更多"DOTA 2"的观众。

3. 看上、中、下三个层次的主播收入

归纳起来,主播的收入主要来自以下几个部分:

虚拟道具分成:虚拟道具需要观众在直播平台购买,然后在直播中赠送给主播,以表达自己对主播的喜爱和支持。当虚拟道具达到一定数量后,平台会按照一定的标准折现给主播。

签约费和工资:人气较高的主播会和直播平台签约。人气越高,签约费就越高。对于普通的主播来说,只要达到了一定的观看人数,直播平台就会主动与你签约。签约后,主播只要完成规定的直播时间,就能获得一定的收入。

网店收入:很多主播有自己的网店,有的经营零食、服装,有的则以游戏周边为主。游戏主播会在直播过程中发布自己的网店地址,并在直播中宣

传自己的产品。对于超级主播来说,网店的收入也是比较可观的。

其他收入:有的主播还会接一些比赛解说、游戏直播等,有的主播会通过为企业打广告来获得一些广告收入。

清楚了主播的收入来源,在挑选直播平台时,可看上、中、下三个层次主播的收入,经过取中等进行分析。

有一点值得注意,有的新主播不看分成比例,只看收入,以为"O"越多收入越高,其实这可能是平台的障眼法。每个平台和主播分成的比例不一样,结算方式也不一样,一定要谨慎选择。

(三)直播平台的注册及申请

当你按照上面的方法挑选到适合自己的直播平台后,接下来,你要在直播平台上注册及申请直播间。目前,国内的直播平台注册及申请直播间的方法基本相同,我们就以斗鱼为例,具体介绍一下直播平台的注册及申请直播间的操作流程。

每个直播平台都要先注册一个账号,然后进行实名验证。直播平台注册主要有以下几个步骤:

步骤一,先进入斗鱼直播的注册页面,在跳转的页面中输入昵称、密码,再确认密码,同意《用户注册协议》,点击"注册"继续下一步。

步骤二,注册完毕后,系统会自动跳转到手机绑定界面,输入你的手机号,收到验证码后,输入验证码,点击"确认绑定",手机绑定就完成了。接着,在弹出的列表中进入个人中心,进行邮箱验证。

步骤三,认证完手机号和电子邮箱后,就是最重要的"实名认证"了,点击"实名认证"里的"申请"按钮。按照提示的步骤完成认证即可。

进行实名认证时,需要上传本人有效身份证件,有些平台还需要申请人手持身份证拍照上传,在上传之前要仔细阅读要求。

认证通过后,开始申请直播间。申请直播间的操作方法非常简单,单击"申请直播间"按钮,输入房间的标题和直播内容的描述,选择好直播分类,单击"提交",你就有自己的直播间了。

二、网络直播的运营

(一)精确调研市场

如今,直播已经不再是单纯的游戏、颜值、秀场直播,而已经变成为凌驾于游戏、颜值、作秀基础之上的向大众推销产品或个人的渠道。然而,要想将产品和个人很好地推销出去,关键一点就是需要做好精准的市场调研工作。俗话说:"好的开头是成功的一半",只有做好精确的市场调研,才能真正获得让大众喜欢的营销方案。

1. 洞悉直播营销市场

在同质化竞争日趋激烈的时代,越来越多的企业为了能在行业中占据一席之地而彼此之间纷纷较劲。然而很多企业却在将自己的产品推向市场的过程中被撞得"头破血流",原因在于他们没有找到真正适合自己的目标市场。选择合适的、正确的目标市场能够帮助品牌企业找准定位的同时,获得在激烈的市场竞争中出奇制胜的法宝。

2. 发现用户需求

做直播营销,其实做的是"粉丝经济"。所以,要想知道直播营销的用户是谁,就要看主播的粉丝是谁、他们在哪里。直播营销是面对不同的粉丝群体做有针对性的营销活动,因此要找出粉丝中那些最有转化可能性的人群,进而提升他们的转化率。这也是做市场调研的一个重要部分,只有建立用户画像,发现用户需求,才能找到更加精准的粉丝群,才能进一步提升销售转化率。

第一步:用大数据分析用户喜好。

随着信息技术的不断发展,人们采集数据的方式、方法越来越多,能够积累的数据量也越来越多。因此,要根据所采集的海量数据来进行深入分析,例如可以从客户的购买习惯、购买记录、买家等级、买家年龄、买家地域、买家星座等各方面将客户进行细分,深入挖掘每个细分客户对于产品的需求和喜好。

第二步:以用户思维研究用户行为。

在得出用户需求和喜好之后,接下来要做的就是通过用户思维来研究和预测用户可能产生的行为。具体可以从三个方面展开:

①直播内容是否直奔用户心理

根据大数据分析得来的结果显示:当前使用直播的用户大多为"80后""90后"。这一数据结果充分说明直播用户趋于年轻化。因此,在借助直播平台做营销的时候一定要抓住年轻人的思维心理,研究年轻人的行为和需求,这是直播运营的关键。

②直播内容是否简单有趣

网络调查显示:年轻人往往对事物没有太多的耐心,并且那些枯燥乏味的事物并不能引起他们的兴趣和关注。因此针对这些特点,在设计直播内容时应当注重简单和趣味性。这样可以充分调动他们的积极性,从而使其愿意关注和参与到直播活动当中。

③是否实现了双向互动

根据数据调查发现：大多数年轻人在大城市打拼都有一种莫名的孤寂感。他们往往认为自己在经济基础和社会地位上不具备任何优势，所以容易造成情感压抑。直播的最大优势就在于能够最大限度地实现双向互动。

直播互动的方式可以帮助用户排解心中的压抑感，从而获得身心上的放松。当用户玩得开心、玩得愉悦、内心压抑得到排解的时候，自然会对品牌和直播平台产生信任感，有利于从"路人"转化为粉丝，最终转化为消费者，这样有利于品牌在直播平台上的推广和运营。

第三步：为用户画像。

当明确了用户需求、喜好并预测了用户可能产生的行为时，就可以为用户进行完整的画像了。这样有助于接下来企业更加有针对性地为消费者提供个性化产品和服务。

3. 找到同质性好的观众

获得完整的用户画像之后，就可以非常清楚地看到哪些用户具有相似度高或相同的需求和喜好，以便在直播过程中更好地聚合这些用户，并通过一定的营销手段将其转化为目标用户。

总之，要想能够全面打开市场，就需要做好精确的市场调研工作，通过找到精准的目标市场以及精确的目标用户，才能在之后的直播平台运营与推广过程中做到有的放矢，吸引更多的用户群体，进而获得更大的市场，获取更多的利益。

（二）直播运营的评估与定位

俗话说"人无完人"，直播运营也没有绝对完美的方案。在做直播营销之前一定要明确分析自身优缺点。这样才能充分发挥自己的优点来弥补自己的缺陷。好品牌并不是靠人脉、财力的堆积就可以达到预期的营销效果的。所以企业还要做好评估与定位，选好直播营销阵地，只有在直播中充分发挥自己的优势，才能取得意想不到的营销效果。

1. 自我评估与定位

品牌商自我评估与定位时往往需要问自己这样一个问题：自己的品牌是否适合做直播？当前，我国低龄男性网民占据了直播用户群的绝对主导地位，且消费力并不高。这个结论是不需要用数据就能明白的事实。如果品牌本身的格调较高（如奢侈品），或者主打成熟、高净值人群（如房产、高端汽车等),那么就无须凑这个热闹了。因为,不论主播还是观众,大多是素人,奢侈品、高端产品并不能达到每个受众的购买能力。所以,高端产品即便是做直播营销,取得的效果也会微乎其微。品牌需要考虑自身以及行业的特殊性来选择适合自己的直播内容。

2. 平台定位

如今,直播 APP 数目繁多,让人眼花缭乱,但不同的产品品类可以选择适合自己的直播平台。如果你的产品是电子类辅助产品,虎牙 App 是你的首选。如果想通过直播渠道推销化妆品、服装、食品,那么淘宝直播和美妆 App 可以为你的产品带来意想不到的流量。所以品牌商在做直播之前确定直播平台是重点,适合自己品牌的直播平台是进行品牌营销的关键。

3. 内容定位

进行直播内容定位时,品牌商一定要考虑以下问题:

(1)选择的直播内容与品牌定位和调性是否一致?

直播内容是为品牌服务的。能够突出体现品牌调性的内容就一定能够直击品牌特点,这样的内容一定能让观众更加深刻地理解品牌的内涵和文化,从而爱上品牌。

(2)是否能专注观众的猎奇心理,吸引并使他们停留在直播页面?

每个人都有猎奇心理,如果在内容定位时能够选择更具吸引力的内容,那么观众势必会更加关注品牌,进而愿意停留在直播页面,进一步深挖品牌蕴含的价值。

(3)内容是不是可以带动个人情绪,并且故意爆出热点引发用户讨论?

能够带动个人情绪的内容,往往容易让观众在情感上产生共鸣,对品牌产生更多的信任。同时,爆出热点引发用户讨论,可以给观众脑海中带来更加深刻的印象。更重要的是,通过热烈的讨论,观众会自动自发地将话题分享给自己的朋友,这样就对品牌进行了二次传播,增加了品牌曝光率,起到了很好的品牌推广效果。

4. 主播定位

主播可以为品牌商大规模吸粉,即让更多的人关注自己的品牌。因此,品牌商在进行主播定位的时候也应当有所选择。总体来讲,在为品牌定位主播的时候,一定要求主播具备以下几点:

(1)熟悉网络聊天,性格开朗活泼,普通话标准,反应机敏,自我调节能力佳。

(2)镜头感强,喜欢与人沟通和交流,善于调动氛围。

（3）知识丰富、善于才艺表演,喜欢与粉丝互动。

（4）站外粉丝基数较大,具有一定的表演能力,或是各领域的 KOL。

以上是在定位主播时,要求主播具备以下几个特点,尤其是草根主播更需要加以注意。

5. 受众定位

这里的受众自然是指围观直播的用户,即品牌未来的潜在客户。我们做直播营销时,只有能够产生显著结果,才是有价值的营销。我们的受众是谁、他们能够接受什么产品品类等问题,都是需要我们做一个恰当的市场调研之后才能进行针对性定位的。打个比方,如果你向一群耄耋之年的大叔执着地推销一套女士化妆品,大叔自然不会为此买账。所以,只有找到合适的受众,才是整个直播营销的关键。

（三）制定详细计划

"机会留给有准备的人",有一个详细的直播计划,整个营销活动能够有序进行,对于提升直播营销的成功率是大有裨益的。

1. 明确直播营销目标

做直播营销,是将原来的线下营销搬到了线上。线下营销如果进行大规模产品展示、人员互动往往需要很大的场地,必定需要高昂的场地租赁成本。线上则解决了这样的困境,直播营销不但节约了品牌商的成本,还能让更多的人足不出户就能够感受到直播现场的氛围,如同亲临一般真切。可见,直播营销比传统的线下营销的宣传力度更强劲。如果品牌商找明星来直播卖产品,那么目的就更加明确了,就是为了提升产品销量。所以,在策划一场品牌直播活动之前,首先要明确这场直播活动的真正目的是什么。

2. 直播前的动作准备

在明确直播营销目标之后,接下来要做的事情就是做好直播前的动作准备。具体包括以下几个方面:

（1）物料采购

所谓物料,就是直播过程中需要的各项直播设备。在进行物料采购的时候,首先要准备一张采购设备清单,并且每台设备的采购事项明确到人跟进;其次,采购应当在直播前 5～7 天完成,因为后续还需要一定的时间进行调试。

（2）彩排测试

购买好物料之后,需要对设备进行安装测试,这样有问题能第一时间发现。需要注意的是,在进行彩排测试的时候,每台设备的操作者都应当整体走过场,进行一测试,避免在直播过程中某个环节出现问题。

(3)现场准备

首先要查看直播现场的插板、网络、幻灯片、讲台等是否状况良好。其次对设备进行调试,寻找最佳的拍摄成像以及收音摆放位置。最后是出镜的主播和其他人员入镜,检测妆容是否完好,衣着是否得体。

(4)平台准备

直播平台的准备应当包括以下几个方面:

第一,参与直播平台登录账号密码检测;

第二,直播主题海报的设计;

第三,各导流平台推送时间节点准备(分享话术);

第四,各平台参与投入的营销手段动作,如什么时间上热门、送礼;

第五,平台场控、管理,以及账号昵称的设置。

(5)主播准备

主播在直播营销活动中充当"门面",因此在直播前,主播应当做好各方面的准备:

第一,妆容、服装、发型、饰品的准备;

第二,直播中所用的 PPT、文字、图片的准备;

第三,演讲展示的道具准备;

第四,平台用户互动所用的文字设置。

3. 预测直播中的风险

所有的直播前动作准备就绪之后,接下来应当做的事情就是对直播过程中能出现的风险进行预测和把控、弥补。以下是直播过程中可能遇到的问题,以及应对方案(表4-1)。

表4-1　直播中可能遇到的问题及对策

问题	问题项	应对方案
问题一	黑粉抱怨:产品质量、主播形象、品牌关联服务、直播奖品额度	问题假设 提前准备 择善而大 和颜悦色 随机应变
问题二	刷屏发泄:一位观众不停地复制粘贴内容进行发泄,问题同上	
问题三	人身攻击:对品牌相关人员的过分抨击和辱骂	
问题四	被调戏比较:敏感话题的看法、和竞争对手的比较	

(四)设计直播营销方案

当前面所有的工作都完成之后,成功的关键就在于能够在最后给受众呈现出更加精彩的直播营销方案。整个方案的设计过程需要销售策划以及广告策划共同参与、完成,从而让品牌在营销和视觉效果上恰到好处。

1. 打造与众不同的直播营销

做直播营销,直播内容要有足够的吸引力才能让用户在特定的时间里持续观看。做好网络直播营销,让直播营销与众不同,关键就是进行内容设定。通常情况下,直播的内容都是紧跟时事热点的,不过热点也不能随便拿来就用。

首先,要选择一些积极向上的话题,至少是能够给观众带来正能量的话题。其次,内容要具有一定的话题性,能够通过直播话题自然而然地将其引到产品上,然后再结合产品特点与观众进行互动。再次,内容一定要有创意性。内容千篇一律,总是在卖萌、卖颜值上打转已经成为受众对网络直播的一个典型印象,也给受众带来了视觉疲劳。如果能在直播内容设计上另辟蹊径、独具创意,则会给受众带来与众不同的新鲜感。最后,内容要具有一定的悬念性。如果能够在直播内容中穿插一些具有悬念性的东西,就可以起到吸引观众注意力的作用,观众会因为想要得到问题答案的好奇心理而继续关注直播活动。

2. 获取推广资源

拥有强大的推广资源往往能够让品牌从无人问津变得"人见人爱,花见花开"。在获取推广资源的时候,大多数直播平台的平台内推广方式主要是在广告位以及首页的热门推荐位渠道进行推广。热门推荐位置的数量较少,更新频率快,除了平台方设置,有群众基础的平台内直播红人、明星驾到才更容易争取到或停留在热门推荐位。

3. 设计互动

(1)问答互动

人与人之间往往能够通过聊天的方式彼此之间产生信任,同时也能在一问一答的过程中随着用户感兴趣的话题带出品牌信息。

(2)有奖互动

①主播个人送礼

前面讲过的去哪儿网邀请全民直播帝师做迪士尼游览测评,帝师作为主播,自掏腰包为观众购买迪士尼纪念品送给幸运观众。

②优惠券发放

品牌商可以在直播平台通过密令红包、抽奖、摇一摇等互动方式进行优惠券发放。也可以在观众边看边买的过程中对那些用户秀出来的订单进行截图,被选中的幸运观众可以获得免单或者减免的机会。

③明星粉丝福利

让明星主播给粉丝发放福利,自然是一种很好的互动方式,是直播营销活动中的一个秘密武器,更能激起粉丝的互动热情。

4. 打造爆款产品

在直播中,借助直播平台将整个品牌旗下的所有产品都打造成爆款是不太现实的,但是在一个直播平台上将一两个品类的商品打造成爆款则是可以实现的。在直播营销的过程中,通过有效的方法和技巧才能将产品打造成爆款。

(1)提前规划出爆款产品

在构思直播营销方案时,应当拿出一件最优特色的产品,准备将其打造成爆款产品。同时还需要对这个产品做好全面的规划:从何处着手打造?用什么事件引出这款产品?要着重介绍这款产品的哪些特点等。

(2)反复赞美自己的产品

既然是将产品打造成爆款,必定需要对该产品进行赞美,让其优势和特点不断呈现在观众面前,给用户灌输一种"不买就亏"的观念。需要注意的是,赞美须有度,过分夸大和不切实际的赞美往往会产生适得其反的效果。

(3)运用好评做爆款直播

用户购买产品无非是要满足刚需,在购买之前他们一定会从实用性高低、评价好坏、性价比高低几个方面考虑。在直播中,可借助其他用户对准备打造为爆款的产品的好评来"引诱"观众,以达到打造爆款的目的。

(4)进行产品对比

世界上任何事情都没有最好的,只有更好的。好的产品是需要通过对比、差异性来凸显的。没有对比,用户就不知道所谓产品的优点在哪里;没有对比,用户就不知道这款产品是否物有所值甚至物超所值。因此,在直播过程中进行产品对比,让观众真真切切地发现产品独有的魅力,有助于将产品进一步提升为爆款。

①自家产品与仿制品对比

没有对比就没有伤害。只有拿自家产品与市面上的仿制品进行对比,包括质量对比、外观对比、功能对比等,用户才能真正发现其中的端倪,进而对你的产品产生好感,提升购买欲望。

②亲自试用体验对比

说得天花乱坠,不如真实体验。仅仅拿着产品娓娓而谈,不如将产品拿来进行现场试用体验。这样,你的产品是否真的比其他产品更有优势,用户自然一目了然。

比如你是做化妆品品牌的,你可以拿你准备打造的爆款产品和市面上的同类产品进行试用对比。一边脸上涂抹自家粉底,看上去很轻薄、很贴合、很自然,而另一边脸上不能平整晕开,看上去不服帖不自然。通过这样的使用体验对比,用户对于你的产品质量和优势了然于胸。自然你的产品也会因为真实的试用对比而成为用户心中的明星产品,这时,你想打造的爆款产品已经水到渠成了。

总而言之,一个好的直播营销方案是直播营销能够获得预期或超预期营销效果的关键。如果你能够设计出一个更加优质的直播营销方案,你就可以带上你的想法、带着品牌,靠直播营销让产品的销量突破新的高度。

(五)直播营销的后期反馈跟进

做直播营销,最终还需要将直播结果落实到转化率上。实时的直播营销反馈一定要跟上,同时通过数据反馈可以不断地修整营销方案,有效提高营销方案的可实施性,让直播营销效果达到最佳。

1. 观察用户的购买热情是否饱满

直播营销方案是否成功,从最终的产品销量就能看出用户的购买热情是否饱满,它能很好地证明营销方案的成功性。

2. 分析用户的互动情绪是否高涨

考察直播营销活动做得是否成功、是否能够迎合观众的内心需求,最直接的了解方式就是在直播过程中观察观众互动的活跃度。用户活跃度越高,表明直播营销的成功率越高。即便眼下销量没有迅猛提升,激烈的互动、热情的话题评论也能很好地说明营销方案深得用户芳心,在他们中间已经取得了情感上的共鸣。

3. 查看用户累积点赞量

点赞同样是用户对直播营销内容的一种认可,用户认为你的直播内容很有道理,存在一定的价值认同,在某方面有一定的可取性。比如在向观众介绍一款护肤品时,你会根据不同人的肤质进行深入分析,并且说出不同肤质所带来的烦恼。这样的烦恼倾诉能够恰到好处地说出了观众的心声,观众会因为你的烦恼宣泄而匹配自身,在情感上产生共鸣,产生一种惺惺相惜的感觉,会为你滔滔不绝的深入分析而点赞。

4. 时时关注观众的打赏频率

观众对你的直播营销内容越感兴趣、越觉得直播内容有价值,才会情不自禁地给予打赏。打赏实际上体现的是观众对直播内容的强烈认可和赞同,这种认可和赞同已经超越了点赞。因为点赞是一种心理上的认同,而打赏则需要付出一定的成本,是通过实际行动来表示高度赞同。所以,用户给予主播的打赏频率越高,则说明你的直播内容精彩连连,更有围观价值。

如果你设计直播营销时能够深入分析用户痛点,就能让其对直播能够描述出他们的痛点而对你赞赏有加。但如果你能够针对不同的肤质给予不同的保养技巧和使用产品,那么他们会认为你就是这方面的 KOL,认为你提供的技巧和产品必定更具有信任度。如果你能列举一两个成功保养的案例,让观众看到实实在在的肤质改善,他们必定会将你奉为专家。这种情感和信任已经远远超越了简单的认同,而是一种高度赞同。此时观众为你的技巧分享、产品分享而产生打赏行为说明你的直播营销方案真正让产品走进了用户心中,说明直播营销方案是成功的。

如果后期反馈的实时跟进在各方面都表明你的营销方案是成功的,那么你便可以继续采取这种直播方式进行品牌营销。但如果你发现无论是用户的购买热情、互动情绪、点赞量、打赏频率都没有想象中的好,那么就说明这种直播营销方案有待改进和提升。

第二节　网络直播主持人的自我修炼

一、直播主持人的技能修炼

(一)建立良好的第一印象

想成为受欢迎的直播主持人,颜值高是一种优势,但如果没有颜值也不要紧,可以利用下面的方法设计你的颜值,给观众留下良好的第一印象。

1. 着装得体

直播主持人的着装不用特别复杂,只要把握住以下三点就可以了。

(1)服装要适合直播的场景。很多人认为主播的穿着越漂亮越好。事实上,这种想法已经过时了,直播主持人应该根据直播的内容、直播的场景、观众的特点和自身的特点等因素挑选合适的服装。

(2)服装要干净、得体。主持人直播时不一定要穿名牌,但服装一定要干净、得体,这一点很重要。

(3)服装要符合观众的心理。直播主持人直播的是接地气的内容时,最好不要佩戴高级手表或首饰,打扮得珠光宝气有时对直播会起到相反的效果。

2. 注意自己的言谈举止

作为直播主持人,想给观众留下良好的第一印象,就必须注意自己的言谈举止,做一个文明有礼的人。因为一个人的言谈举止可以大概反映这个人的态度,所以主播在与观众交谈时应该尽量避免各种不礼貌或不文明的习惯。对待观众要积极、热情、友善,在直播时要言辞幽默、侃侃而谈、举止恰当。

3. 重视观众

重视观众是直播主持人尊敬观众的具体表现,你重视观众,观众才会心甘情愿地做你的粉丝,进而打赏你、愿意看你的直播。

其实,给观众留下良好的第一印象的方法有很多,但万变不离其宗,以上三点是基本的技巧,是直播主持人在直播时必须做到的。当然,这些技巧不是直播主持人在短期内就能做到的,主持人需要时时注意自身和产品形象,在给观众留下良好的第一印象后才能更畅快地进行直播。第一印象在直播中相当于一把尺子,会自动衡量直播成功与否。那么,从此刻开始,努力给观众留下良好的第一印象,让你的"颜值"慢慢地走进观众的心里。

(二)拥有超级主播的主持能力

1. 充分施展自己的才华

有才华才有魅力。纵观如今的超级主播,那些有能力、有才华,能把自己的直播工作做到炉火纯青的主持人一定是受观众欢迎的。

2. 让自己拥有丰富的经历

直播主持人的经历要丰富一些。多经历些事情,能让自己尽快成熟起来,视野也会更开阔。如果主播的经历不够丰富,头脑空洞,就很难在直播时填满真实的、让人信任的情节。

一个经历丰富的主播直播时所说的话就像一场心理辅导,观众会听在耳朵里,记在心里,且会深有同感;一个经历少的主播直播时所说的话就显得比较乏味甚至夸张了,他可能使出了很大的力气,表演时口水飞溅、脸红耳赤,但观众却无法从他脸上看到任何真诚和底气。

这是因为,那些有着丰富生活经历的人见多识广,更容易揣测出观众的心理,知道观众需要什么,想听什么;其次,他的经历就是直播时"说段子"的素材库,他只需将自己的回忆加入一点"自黑",就会使"段子"听起来有趣而可信。

经历匮乏之人则完全做不到这两点,既对观众的需求一问三不知,脑海中又没多少可参考的素材。自然他的主持会苍白无力,使观众听之无味,看之无趣。

所以,在这里建议所有的直播主持人——如果你想成为一个超级主播,想成为一个直播高手,先增加自己的阅历,多在生活中积累素材,多倾听人们的心声,这会让你受益无穷。

3. 广泛地涉猎各领域的知识

知识储备丰富的人往往是主持高手,因为他们胸有墨水,信手拈来,毫不费力,这就是知识的力量。尤其是那些涉猎众多领域的直播主持人,他们虽不是很厉害的专才,却是基础相当扎实的通才,对各领域的事情都懂一点,在直播时就拥有了先天的优势,说出来的话也让观众感到信服。

4. 重复与投入的练习

在这个世界上,没有什么事情是可以一次成功且终身受用的。当你修炼好主持能力后,还需要反复地练习,投入极大的精力去训练,不停地纠正错误,提升技能,这样才有可能成为一个超级主播。

(三)提高心理承受能力

作为一名直播主持人,我们要展示的第一件产品是什么? 就是自己。只要把自己成功地推销给观众,让观众喜欢上你,你的直播就成功了一半。那么,作为直播主持人,我们如何让观众喜欢上我们呢? 其实,让观众喜欢上我们的方法非常简单,那就是:自信!

自信对每一个直播主持人都很重要。在我们向观众直播的过程中,言谈举止流露出充分的自信就会赢得观众的认可和信任。而认可和信任是观众愿意观看你的直播、成为你的粉丝,继而购买你推荐的产品的关键因素。直播没有人观看对于新手主播来说是家常便饭,如果我们不能用积极的心态去面对、克服内心的压力,就会永远被拒之直播门外。自己首先要信任自己,才能获得观众的信任。

1. 抗压能力

如果把直播主持看作是一种职业的话,想要成为超级主播,首先应具备强大的抗压能力。直播主持人看似随意、自由,实则也要背负工作压力。摄影、设计直播内容、与竞争的粉丝互动都需要花费时间和精力。主播的受欢迎程度越高、影响力越大,这种压力也越大。归纳起来,一名直播主持人主要面临来自观众、自身和家庭、竞争三个方面的压力。

当直播主持人面对长时间的工作、父母的不理解、观众的谩骂、同行竞争的加剧等各种各样的压力时,抗压能力就显得十分重要。直播主持人可以运用下面四个方法来提高自己的抗压能力,快乐并高效地做直播。

(1)与家人签订"君子协定"

大多数直播主持人首先面对的是来自家庭的压力,不少父母可能会将直播视为不务正业,相信很多直播主持人将自己的职业规划告诉家人后都会被误解甚至遇到极大的阻力。在这种情况下,一意孤行和采取偏激的做法都是不可取的,恰当的解决办法是与家人签订"君子协定",要求家人给自己一个尝试的机会。如果没有达到预期效果便主动放弃,这样家人比较容易接受。同时,在日常的直播中,要经常与家人分享取得的成绩和观众的反馈,用事实争取家人的理解和支持。

(2)休息一下,平复心情

有的直播主持人在直播一段时间后没有得到观众的认可和平台的签约,便会对自己的能力甚至是直播行业产生怀疑,从而产生退出的想法。在这种情况下最好休息几天,在平复心情的同时认真考虑一下自己直播的内容和风格定位有没有问题,还有没有改进的余地,确实没有好的办法的话再退出也不失为明智的选择。毕竟做直播主持人需要一定的天赋和能力,并不是仅凭着喜好和一时冲动便能做好的。

(3)学会区别对待观众的要求

面对观众提出的疑问和建议,你当然要耐心地解答和虚心地听取。但是有些观众会抛出道听途说和无中生有的话题,如果这些话题是你不想谈论和回答的,就要无视或转移话题。

直播主持人和房间管理员不能随意使用权限,除了人身攻击和恶意抨击以外不要轻易禁言,否则会引起其他观众的误解并给恶意攻击者更大的发挥空间。面对观众提出的各种要求,主播要学会区别对待,能满足的要尽量满足,不能满足的要说明理由。不管在什么情况下,对观众发火甚至是谩骂都是极不可取的。

(4)和团队进行有效的沟通

如果你的背后有团队支持的话,那么当你对工作压力束手无策时,可以寻求团队成员的帮助,采用沟通的方式来化解压力,要注意沟通的有效性,无效沟通不仅浪费时间,而且无助于排解压力。

2. 负面信息承受能力

由于主播职业的特殊性,这一群体始终是粉丝、媒体高度关注的对象,而在获得关注的同时,也会生成正面与负面的信息。其中正面信息包括赞扬、支持,而负面信息则包括质疑、诋毁、吐槽等。直播主持人虽然能够成为粉丝群体的影响者,但当主持人的某些行为与观众的期望出现偏差时,就会受到负面信息的干扰。如果直播主持人没有处理负面信息的能力,那么一旦负面信息开始扩散,媒体就会起到推波助澜的作用,那个时候直播主持人的承受力将遭遇严峻挑战。作为一名直播主持人,你无法控制负面信息的发布源头,但你却可以在规范自身言行的基础上应对负面信息。

3. 抗挫折能力

任何职业想要获得成功都不容易,直播主持人也是如此。当面对粉丝量增幅低、关注度不够、变现瓶颈、同质化竞争等难题的时候,直播主持人会产生挫折情绪,轻者变得不够自信,严重者会影响职业发展。抗挫折能力的修炼能够帮助你在面对逆境时积极应对,跨越挫折。

(四)修炼独特的内容创造能力

移动互联网时代,内容已经成为最大的流量来源。内容的创造能力是直播主持人能够被持续关注,从而走上超级主播之路的核心能力。直播主持人要想成为超级主播并形成自己的商业模式,必须具备内容创造能力。究其原因,是因为在任何时候内容都不会过时,专业的理论分析、深入浅出的观点,结合正确的价值观,能让观众在观看直播的过程中有所收获,这才是超级主播成功的根本原因。

1. 做好调查工作

创造直播内容前,直播主持人必须做好以下三个方面的调查。

(1)调查目标粉丝群体的标志性特征。调查目标粉丝群体的年龄结构、性别、文化层次、喜好、消费能力等标志特征,从而在创造直播内容时使内容更贴近粉丝的喜好。

(2)调查粉丝群体对内容呈现形式的偏爱度。不同类型的粉丝对文字、图片、动画、声音、视频等不同形式的内容呈现方式喜好各不相同。比如游戏直播的粉丝对动画、声音的接受度要远大于其他类型直播的粉丝。

(3)调查粉丝群体的"痛点"在哪里。直播的内容最怕不痛不痒、平淡无味,因此对于粉丝的"痛点",直播主持人要做到了然于心。所谓"痛点",就是粉丝内心最渴望满足的需求,比如游戏粉丝的一个"痛点"就是游戏背后的故事,许多玩家都是打通了游戏却对故事朦胧不知,如果你能够创造出类似将故事与游戏技巧相结合的直播内容,那么无疑"正中要害"。

2. 做好直播内容策划

一旦做好了上述三方面的调查,那么在创造直播内容时就能够做到有的放矢,直播的大方向便不会产生偏差。接下来是对直播内容的策划,要注意以下方面。

(1)坚守道德底线

一些直播主持人在输出直播内容时仅以制造话题、引爆眼球为目的,内容质量过于低劣。这类主播即便短时间内获得了关注,但这种超越社会道德底线的行为最终不会被社会所接纳,也不会被观众所接受。因此,策划直播内容时不能超越道德底线。

(2)注重时效

随着移动互联网的发展,如今网民们已进入"快餐"时代,庞大的信息量每天都在轰炸粉丝的大脑,因此你在策划直播内容时必须考虑时效性,过于陈旧的话题无法引起粉丝的兴趣。

(3)内容要结合艺术,艺术来源于生活

如果能够从生活中挖掘普通内容,经过提炼使其脱胎换骨,那么直播输出的积极效果是可以预见的。同样是户外直播,增加艺术感后,效果肯定会更好。既然直播内容来源于生活,那么最好让其高于生活。

(4)内容要有趣

通常情况下,观众会把观看直播当成一种减压方式。因此,过于严肃刻板的内容表现方式会令观众产生排斥感,有趣的表现方式更容易受到关注。

（5）内容输出要有价值

直播主持人作为粉丝群体的代表，所传播的内容是具有代表性的，因此每一次的直播内容都要有价值，这对直播主持人树立口碑、进行商业拓展都有积极意义。

3. 创造独特直播内容的技巧

互联网上的信息量极大，以至于即使质量不错的直播内容想要脱颖而出也十分困难，因此在保证直播内容和质量的前提下，如何让内容与众不同就显得十分重要了。

（1）多积累经验。经验也会生成创造力，在某一领域里的工作经验会对创新大有裨益。所以，你要在平常生活中多积累经验，为你的内容创新积累素材。

（2）留出时间去思考。创造力需要靠一定的时间培养，才会"发芽"，变"成熟"。因此，产生创意最有效的方法就是给自己留出思考的时间和空间。

（3）借鉴成功案例。那些超级主播们已经为你树立了榜样，去看看他们是怎么做的，相信会对你有所启发。

（4）与团队一起创造直播内容。无数实践证明：头脑风暴对创新有很好的作用，我们常常说的"三个臭皮匠，顶个诸葛亮"就是这个道理。

综上所述，内容创造能力是直播主持人必须修炼的能力之一，为此你需要不断学习、主动沟通、适时改变，不断积累经验，并对自己充满信心。万事开头难，一旦有了成功的体验，接下来就会容易很多。

二、打造有品位的直播间

（一）直播设备的使用

正如车辆配置会有标配、高配等类型一样，根据直播内容的不同，硬件设备的需求也是不一样的。虽然没有放之四海而皆准的东西，不过以下设备是直播间里必备的，即电脑＋稳定宽带、视频摄像头、麦克风、耳机。

1. 电脑

用来直播的电脑需要长时间运行视频，因此对运算速度和稳定性有一定的要求。

在运算速度方面：不但要保证电脑能在较高的画质和帧数下流畅地运行视频，还要给直播所需的各种工具和软件留下足够的系统资源。电脑的运算速度主要是由 CPU、显卡、内存和硬盘决定的。也就是说,我们在选购电脑时,对这几样应均衡配置,不要有明显的短板。

在电脑稳定性方面:在长时间的直播中,电脑一旦因运行时间过长而发热、出现死机或黑屏,那这场直播就砸锅了,会被无数网友嫌弃。为了保证电脑的高强稳定性,我们最好选择用料扎实的一线品牌的电脑产品。

2. 摄像头

摄像头是必须舍得砸钱的装备,画面质感、清晰度、拍摄角度这些全靠它,毕竟大多数粉丝都是视觉动物,摄像头可是吸粉的重要武器。摄像头有普清摄像头和高清摄像头两种,高清摄像头是指传感器达到 130 万像素以上、分辨率达到 720P(1 280＞720)或者更高的摄像头。需要特别说明的是,大多数高清摄像头标注的是经过软件处理的插值像素,并不是传感器像素,目前电脑摄像头最高只有 1 600×1 200 的分辨率,尚没有能真正达到 1 080P 分辨率的产品。一般来讲,具有自动对焦功能、帧率在 30 以上的 720P 摄像头即可满足直播的需要。

3. 麦克风

高颜值的主播配以悦耳的好声音,会让路人也驻足围观,所以麦克风要配到位,才能完美传递主播的心声。当然,并不是所有的主播都要配备麦克风,比如游戏主播只需配备一款普通的头戴式耳机即可满足直播的需要,灵活方便又好用。

相对而言,娱乐主播对麦克风是有一定要求的,麦克风是全系列、多档次路线的产品,价格从几十元到上千元不等,可以根据自己的实际需要进行选择。

4. 耳机

主播为了营造更好的直播效果,不仅要收听直播中的声音和背景音乐,还需要通过语音软件与其他主播交流或协调观众一起互动,因此耳机也是必备的直播工具。尽管长时间佩戴耳机会给身体带来不适,但因为音箱容易产生回音会影响直播效果,所以在没有更好的替代产品之前,耳机仍是不二之选。

对于耳机的选择没有什么原则性的标准和方法,不管是女主播还是男主播,在配备耳机时要尽量选择时尚、有趣的耳机。

(二)直播间背景和道具的选择

打造直播间就像装修一样,硬件设备到位后,接下来就是软装了。利用道具和背景的合理布置打造属于自己的独一无二的直播间,能够让粉丝快速识别和记住自己。这个问题其实也是一个关乎个性的问题,需要主播根据直播内容的特点、自己的形象气质和粉丝群体的特征,对直播间进行打造。

1. 保持环境整洁、干净、清爽

一个整洁、干净、清爽、温馨、明亮的直播环境会让主播及网友心情舒畅,所以在直播前我们要对灯光、背景、家具等进行精心布置。

2. 点缀麦克风

麦克风在直播中出镜率特别高,我们可以让这个单调的设备变得灵动起来。比如,可以用个性化的布偶或花朵装饰麦克风。

3. 女主播可以在直播间里放一些可爱的小饰品,增加亲和力

对于女主播来说,可以在直播间摄像头能照到的地方放一些诸如仙女棒、公仔、娃娃之类的小饰品。在直播过程中女主播顺手拿起,既能增加趣味性,又能提高女主播的亲和力。千万别小瞧这些小饰品的布置,虽然是小投入,但能获得大回报。

4. 避免背景太过复杂和单调

对于直播背景,布置的原则是不要太复杂或太单调,复杂和单调这两个极端都不要去碰。比如,你要以一面墙壁为背景,那就在墙壁上贴一些装饰性的东西,背景太复杂或太单调都不适宜。

(三)留住粉丝

现在,移动互联网已成了老少皆宜的必备工具,直播更是以迅猛发展之势成为新潮流、高热度的行业。有些直播间因火爆的人气知名度大增,并占据了行业领先地位,这些直播能够吸引观众,得到观众的认可,与主播及其团队的努力是分不开的。

1. 保持在线时间

当你决定踏入直播这一行业并把主播作为职业时,就要让自己尽快进入状态,保持你的在线时间和良好的在线状态。

所谓良好的在线状态是指在线要上麦,公麦有位置就上公麦,公麦没位置就打开私麦,展现你最好、最自信的一面,坚持下去,相信游客中一定会有人为你办会员,会员中还会有人为你升级充卡。

2. 学会和观众沟通

主播会不会聊天、有没有内涵,是能否吸引观众的关键因素。主播在与观众沟通时一定要学会做一个好听众,善于移情到观众身上,对观众的喜好有一定的了解。现在的互联网信息很全面,不懂的就马上查询。如果观众喜欢足球,你却不知道贝克汉姆是谁,观众对你也只能说是观赏有余欣赏不足了。

3. 注重发现自己的粉丝

无论是大的直播平台,还是小的直播间及主播个人,粉丝从几个人发展到上百万人,圈粉吸粉的目的并不仅仅是为了获得成就感。通过表象看本质,我们会发现直播的最终目的是做人气、发展会员。粉丝群的发展应该是从小到大、各阶层人士都有,因为"大财主"都是从小会员、小游客积累起来的。

4. 注意自己的一言一行

主播只要在直播间里,就要时刻提醒自己这是一个公众场合,自己的一言一行都代表了自己的形象。在直播间,粉丝很多,素质也参差不齐,主播千万不要任性地跟观众较真赌气,与观众论高低。毕竟大多数粉丝都是有品位、有修养的,主播如果逞一时口快,失了风度,会无形中流失粉丝、"财主"以及潜在会员。

大方得体有内涵,幽默诙谐有趣味,腹有诗书气自华……拥有这些特质的主播才会人见人爱,吸粉力超强。所以如果你决定做主播,一定要再三修炼言行。

5. 找一个让会员刷你的理由

想让观众死心塌地刷你的直播,你就要用心对待会员,以真情去感动会员,真心和会员交朋友。在会员病了、累了和心情不好的时候,真诚地关心他们,在他们几日不见时挂念着他们,给他们发信息,和会员分享你生活中的趣事,记住会员的生日,你对他们至真至诚的关心会让他们感动,他们会对你产生依赖和依恋。

6. 每天让自己进步一点

粉丝一天天增多,对主播的要求也越来越高。各行各业、各个年龄段、各个地区的粉丝虽然都可以欣赏、喜欢你的直播,但他们对你的要求是不一样的。如何与他们沟通、与他们产生共鸣?如何让自己的直播有新意、有内涵?这就要求主播不断学习,不断进步。

主播做的是现场直播,没有彩排也没有重播,想让粉丝保持对你的欣赏,你就必须提高沟通能力,必须不断提升个人形象,对待粉丝的态度应该理性而谦和,对待粉丝的批评应该心平气和。

第三节　网络直播营销技能

一、内容营销

(一)直播内容营销的呈现方式

1. PGC:专业生产内容

不知你是否听说过 PGC 这个互联网术语,它指的是专业生产内容,泛指内容个性化、视角多元化、传播民主化、社会关系虚拟化。目前,大多数企业和个人的直播营销的销售转化都依赖于 PGC。

说到直播营销领域的转化工具 PGC,其重点在于"P"即 professionally,用"P"去聚集焦点热点人物,如网红、明星。

(1)网红

网红的影响力毕竟不如明星,企业在请网红直播时,一般要提前拟定好主题和内容,然后邀请多名网红轮番直播,将网红的影响力集中聚合,从而带来海量关注度,如淘宝在"饿货节"期间的网红团体直播就是很好的案例。不可否认的是,以网红的"花式吃外卖"为主题的直播,还是很有看头的。直播不仅让粉丝们度过了一个精彩而有趣的吃货狂欢节,更有效提升了粉丝的"吃货技能"。"饿货节"的主题有:外卖也可以吃得很健康、外卖也可以吃得很优雅、反手剥麻辣小龙虾、用刀叉吃鸡爪、萌妹子连吃 50 个生煎、健身达人传授吃外卖心得等。直播期间,粉丝们对网红的花样吃法、高难度狂吃技能疯狂点赞、不停留言。

在直播营销中,PGC发挥的作用举足轻重,只有将人物和内容完美结合才能获得品牌预期的曝光量和销售转化量。90％以上的PGC案例都和"电商平台"同步无缝对接,有通过"明星同款"的方式,也有通过"边看边买"的技术手段(即让用户在不退出直播的情况下直接下单购买主播推荐的商品),迅速实现销售转……这些方法都值得想要进行直播营销的企业借鉴。

(2)明星

说到明星直播,就不得不再次提到那场华丽的"巴黎欧莱雅戛纳电影节明星直播"。各路大牌明星凭借其强大的影响力和现场推荐,在直播中成功将品牌产品强势带入,植入过程自然、顺利,销售转化效果也非常成功。

2. BGC:品牌生产内容

对一种新兴工具的运用是极其容易的,真正能拉开差距的除了创意还是创意。如果直播企业和个人仅关注外在表现形式而忽略直播内涵的打造,那么绝对不可能实现预期的营销效果。直播平台只是一种信息传播工具,最终仍然是要服务于营销内容。换言之,直播营销和视频营销、微信营销并没有什么本质区别,重点依然在于内容的创意。但是,目前真正有内涵、能让我们眼前一亮的企业直播营销还是少之又少。

直播营销的BGC,重点在于传播企业的品牌文化,单纯的产品营销已让物质极度富裕的消费者麻木,可以说如今是"得文化者得天下"的时代,BGC必须展现品牌的价值观、文化、内涵等。

3. UGC:用户生产内容

一切没有UGC(用户生产内容)的直播都是自娱自乐。智能手机的普及、移动互联网的盛行使直播成本骤减,人人都可以直播,在"移动＋互动"模式的完美结合下,我们看到"直播"的内容边界被无限延伸和拓展。

那么,企业和个人的直播营销就要思考一个问题:怎么让这种"无边界的内容"成为一场网友可参与的内容——因为用户参与度是直播的最核心要素。

很多人对直播营销里的UGC认识并不全面,认为UGC就是仅指直播营销里网友的弹幕评论,这样理解UGC未免有失偏颇。相信大家都爱看小品吧,我们知道一部成功的小品离不开好的导演、演员和剧本,那么UGC就类似于小品的导演,而PGC或BGC则是演员和剧本,导演所起的作用是引导演员将好的剧本呈现出来,排练过程中导演必然要时刻与演员互动,根据现场情况甚至还需改编剧本,但他的最终目的是让这部小品得到观众的喜爱。

同理,UGC 除了要和 PGC/BGC 互动,还要改变 PGC/BGC,改变的最终目的是让 PGC/BGC 更有趣、丰富,具有猎奇性、可参与性(情绪感染:吸引更多网友参与)、社交性(志同道合的网友形成社群)。只有这样,粉丝才会心甘情愿一直守在直播前并全程参与。

二、社群营销

所谓社群营销,就是企业借助社会上一些有名气、有影响力的人,或者依托一些关注量大的媒体平台,对品牌或产品进行宣传,扩大知名度,获得利润。社群营销这种方式与传统营销不同,它能够通过直播直接与观众、粉丝对话,建立起品牌和粉丝之间的信任,塑造直播企业和个人良好的形象,进而达到销售产品的目的。

(一)选择合适自己的社群

我们意识里的社群可能就是社区,即许多人居住的地方,其实,网络社群也可以这么理解,就是一群志同道合的人聚集的地方。较知名的线上社群有豆瓣、天涯、猫扑等,这些社区本身也具有沟通交流的功能,但用户最多的还是 QQ 社群和微信社群。

(二)打造有影响力的社群

1. 完善群规则

无规矩不成方圆,有了群规,所有进入群的人才会按照规则办事。因此,除了令人震撼的欢迎仪式,直播企业和个人还要在群的宗旨、规则方面给新进入的人做一个言简意赅的介绍,并且尽可能写一篇"××群新人必知必读",做成模板收藏,每有 3~5 人进群就发一遍,让那些刚进群的人一目了然。

2. 为群友提供价值

当群有了群文化之后,接下来,就要提供一些价值。因为每个进入群的人都在等待,等待群主发布活动。

人们进入一个群,不外乎几个需求:出于对主播和企业的热爱、掌握新的资讯、拓展人脉、寻找一些新项目或者新机会等。我们提供的价值可以从粉丝的需求开始,具体有以下技巧。

(1)群成员自我介绍。包括姓名、常驻城市、做什么行业、有什么资源、要什么。这是最基本的介绍,找项目的人和要拓展人脉的人,一看就知道了。一定要有模板,如果没有,就会很乱。

(2)帮助群成员推广。可以先从那些活跃的、比较支持群主的人开始,把他们的名片发到群里,或者组织大家在自己朋友圈里相互推荐。同时组织群里的朋友24小时之内相互加为好友,这样就满足了人们拓展人脉的需求。

3.建立闪聚闪离群

直播企业和个人因为直播预热,常常需要做闪聚分享群。闪聚闪离群的生存周期是24小时,当你向群内人员分享了直播的时间或话题后,在群内的气氛非常好的时候,可以告诉大家,本群已经完成使命,明天中午12点准时解散,请大家互加好友。当你宣布的时候群友往往会大呼,这么有价值的群为什么要解散、下一次怎么相聚等问题,这时你要在群里推出下一次分享的内容,告诉他们添加群主微信签到,可以进入下一次的分享群。事实证明,每一次解散群都会为新群主吸引来几百位精准的粉丝。解散群是为了让群更有价值,没有人去维护的群、没有主题的群,就没有必要留着。

最后,需要提醒直播企业和个人的是,对那些扰乱社群发展的人要及时清理,别不忍心,千万不要"一颗老鼠药坏了一锅汤",一定要学会处理群里成员的关系,发展适合自己的粉丝,通过他们带来更多的粉丝。长期活跃度良好的几百人的社群可以给你带来的价值,绝对比一个几万人的僵尸群还要多。所以,在直播的同时要创建好自己的社群,完善自己的管理体系,打造直播+社群的双向运营模式,这样在未来的竞争中才能占据不倒之地。

(三)维护核心粉丝群

一口不可能吃成胖子,对于普通的直播来说,不要一开始就想着拥有大量粉丝,应该先稳定核心粉丝群。什么是核心粉丝群?就是那些始终观看直播,并对直播企业和个人有深度认同感的人。直播企业和个人先要把这部分人聚集在一起,大家多交流,让群成员畅所欲言,在轻松的氛围下相互认识。

在稳定了核心粉丝群之后,直播企业或者个人可以根据群聊天内容,延伸出一种亚文化,这种亚文化能够很好地指引直播的运营。为了方便管理,可以在社群里找一个具有号召力和管理能力的小伙伴对社群进行基本的维护。

如果直播企业和个人一开始就直接大刀阔斧地建设大群、固定内容,可是连核心粉丝都没到位,那么这个群就缺乏一个有力的支柱,很容易垮棚。有了核心粉丝群效果就不一样了,核心粉丝会带领整个群往正确的方向发展,不用担心会跑偏。直播企业和个人在维护核心粉丝群时可以使用准入制。设置一个门槛,只让核心粉丝进群,不让打着核心粉丝名义的人进入。

三、粉丝营销

商业的变化日新月异,不管是企业还是个人,想要发展长远,都必须借助网络的力量。如今每个人都和网络紧密相连,微博、QQ、朋友圈我们都不陌生,庞大的"网民群体"成了商家争夺的对象,买粉丝、买"水军"的现象比比皆是,这种现象就支持了"粉丝经济"。

直播企业和个人离不开粉丝,但直播类型不同,粉丝群也不同。粉丝多的直播企业和个人流量就大,观看率高,变现能力强。可以说,粉丝已成为直播企业和个人未来兴衰和成败的主宰。

(一)粉丝体验是最强的"直播+粉丝营销"

对于粉丝体验,必须要贯穿直播的每一个细节,以及粉丝使用产品的各个环节,并自始至终地为粉丝考虑,将"粉丝体验至上"作为指导原则。通俗地说,就是直播企业和个人要找到粉丝的需求,了解粉丝最需要的是什么。

(二)针对不同的粉丝群体,采取不同的营销策略

直播的众多粉丝,可以分为以下三大类。

(1)围观粉丝大多来自直播活动,这些粉丝的需求是有趣的内容和活动。在直播中,这类粉丝可以起到聚集人气的作用,还可以成为传播信息的基础粉丝。

(2)品牌粉丝大都来自品牌的长期积累,除了需要有趣的内容外,他们更喜欢获得客户服务及利益,这类粉丝是忠实粉丝,也是最典型的消费者样本,还是市场调研和品牌调研的最佳对象,他们有助于企业提升产品和改进品牌形象。

(3)领袖粉丝大都来源于公关资源,作为意见领袖型粉丝,他们可以在传播中引导方向,增强传播的穿透力。

在直播时,企业和个人可以根据三类不同的粉丝群体,采取不同的营销策略。具体来说,我们可以通过创意活动直播和有趣的内容直播等聚集围观粉丝;可以用直播中热情的互动和调查研究及品牌改进,巩固品牌粉丝;在直播中通过对粉丝的关怀、尊重、引导和分享,吸引领袖粉丝。

(三)粉丝营销的系统

构建以直播为核心的粉丝营销是一项系统工程,主要包括五大系统。

(1)用户:直播企业和个人在直播的过程中,一切都要以用户为中心,尽可能了解用户的一切。精准定义自己的用户,一开始越聚焦越好,不要试图讨好所有人,让爱你的人更爱你,恨你的人更恨你。想象自己是用户会有哪些需求,如何保证用户的利益。经常思考用户到底需要什么,我们的直播是否能满足用户的需求。

(2)梦想:任何直播最初只是一个想法,看似遥不可及,最终成为现实,可见人因梦想而伟大。直播主持人要勇于释放自我,展示自己的独特个性,敢于发光,主动分享,用梦想的力量去感召志同道合的人,因吸引而关注,因喜欢而跟随。打造主持人的个人品牌,将梦想、价值观、生活方式照进用户的世界。

(3)产品:直播企业或个人如果想将产品销售出去,就要分析用户痛点,打造爆款。专注于产品生产,将产品做到极致。直播主持人要参与到产品的具体工作中,做到对产品了如指掌,确保产品是用户想要的。

(4)信息:以直播平台和社会化媒体为主阵地,确保与用户的互动交流及时高效。直播主持人要为产品和企业代言,向用户传递信息。

(5)社群:集合粉丝,进行社群化运营。建立规则,以共同的价值观统领社群,以特有的生活方式营造社群文化,让粉丝有归属感。线上线下结合,把人气聚合起来,尝试将粉丝活动和客户体验转变成一种生活方式。基于身份归属,让粉丝参与到产品研发、渠道开发、传播推广中来。

这五大系统遵照"从粉丝中来,到粉丝中去"的原则,始于精准化用户,终于组织化社群,过程中以梦想为价值引领,以产品为服务载体,以直播为沟通方式。这五大系统相互支撑,缺一不可。

四、口碑营销

口碑营销的根本目的和作用,是在消费者心中留下好感、建立起信任。现在大家在网上购物都有一个习惯,就是打算买某一件商品时,会先看看消费者对该产品的评价,然后再决定是否购买。当然,没有任何一件商品是完美无缺的,所以消费者的评价也不可能是百分之百的好评,但是评分较高的商品往往会引起消费者的购买欲望,评分高的商品是口碑好的产品,而口碑好的产品可以吸引更多的消费者。

口碑是所有直播企业和个人持续健康发展的重要因素,是其营销成功的基石。口碑营销从传统的口口相传演变而来,通过与直播的融合,发展成为一种新兴的直播营销方式,能够为企业降低营销成本,防范未知的传播风险,表现出很高的商业应用价值,因此受到了广泛的关注。与传统营销方式相比,直播＋口碑营销拥有不可比拟的优势。具体来说,"直播＋口碑营销"主要有可信度高、成本低、针对性强、可操作性强、消费者感受直观等优势。因此,做好"直播＋口碑营销"需要从以下方面做起。

(一)用产品撑起口碑

如今,已经进入"以口碑选择产品的时代",而企业的良好口碑已经不能仅通过直播的方式来实现,更多的还要依靠优良的产品品质、超过用户预期的产品。雷军曾经说:"一个企业要想拥有好的口碑,好的产品就是原动力和发电机,也是所有营销的基础,如果企业的产品很给力,哪怕直播做得差一点,企业的口碑也不会差到哪里去。相反,如果产品不行,或者消费者不喜欢,那么很有可能会带来负面的口碑效应,不但对直播营销没有帮助,反而会在人们的口口相传中将企业逼上绝路。"

所以,直播企业和个人想要有一个好口碑,好的产品是第一步,也是关键的一步。对于企业来说,口碑就是生命;而对于"直播＋口碑营销"来说,产品就是生命。产品好比是一把"双刃剑",既支撑着直播,又支撑着口碑,而不过关的产品只能让企业的口碑和生命变得岌岌可危。

随着互联网经济的不断发展,消费者越来越重视他们拿到手的产品的质量,也就是说口碑的传播和营销最终还是要依靠产品的质量来说话。对于直播企业和个人来说,要想打赢口碑这场仗,要想直播营销取得成功,就必须过产品这一关。

(二)善用社会化媒体这个口碑传播的加速器

伴随着电子商务和社会化媒体的发展,社会化媒体也成为消费者交流口碑信息的重要渠道之一。消费者为了做出正确的购买决定,往往会通过参考口碑来制定购买计划和决策。随着移动互联网的普及,网络口碑也成为消费者购买决策的又一重要参考。互联网上的评论数量十分庞大,消费者可以根据自己的需求筛选所需的内容。而对于直播企业和个人来说,好口碑需要让更多的消费者更快地知道,因此需要善用社会化媒体这个口碑传播的加速器。

社会化媒体环境下的口碑营销,结合了传统口碑营销和普通网络口碑营销的特点和优点。对于消费者来说,通过网络他们既可以看到亲朋好友的评价,还能看到来自世界各地的评论。而对于直播企业和个人来说,企业既可以加速口碑的传播，又能根据消费者的评论来有针对性地改进或遏制口碑的恶化。

当然，每个直播企业和个人的产品和经营情况都不一样，所以在利用社会化网络渠道建立口碑时的做法也不尽相同，甚至是同一家企业，在不同的直播阶段使用的口碑推广渠道也不尽相同，很少有放之四海而皆准的方法。直播企业和个人可根据自己的情况选择合适的传播渠道。

(三)想要做好口碑营销，就要让用户满意

直播企业和个人想要做好口碑营销，就要让用户满意。如果只知道做口碑营销而不注重用户的满意度，那口碑营销就不是为企业的产品做宣传，而是在扩大产品的负面消息。

对于直播企业和个人来说，如果用户不满意，企业又拿什么谈营销？拿什么谈粉丝忠诚度？对于消费者来说，在日常生活中，如果觉得某企业的产品非常好，甚至超出了自己的预期，那他的第一反应一定是告诉身边的人，因为每个人都有着自己的圈子。而这个人身边的人又会传播给自己的小圈子，就这样一个一个小圈子，慢慢地就都会连接在一起，形成一个巨大的圈子，而关于这个"产品"的消息便以惊人的速度传播开来。但是如果起初这个人传播的是负面消息，古人告诉我们"三人成虎"那毫无疑问这些负面消息也会迅速传播开，同时也会越传越恶劣、越严重，最终会给该产品带来严重的负面影响。

所以对于直播企业和个人来说，没有满意度，口碑就是空谈。要知道，只有用户满意的直播或产品，才能形成口碑，而有口碑的直播才能营销成功，只有营销成功的产品才是真正的品牌。归根结底一句话，在直播中，你服务好了用户，用户才会给你点赞，你的好名声才能传播开来。

第四节　网络直播营销的未来发展

一、"直播＋"将成为常态

现在不少直播平台都处在转型期，而直播平台转型之后该何去何从，我们还很难预测。"短视频""直播社交""直播＋""综合平台"等概念被业内人士反复提及，但直播到底会走哪条路，现在还没有一个准确的答案。根据企鹅智酷发布的报告显示，在未来，直播将全面渗透到各种垂直领域，即"直播

＋"，并且直播的表现形式也不再仅仅是单一的垂直内容，还会深入企业的垂直领域，让直播成为一个垂直领域商业服务的工具。

在未来，不管是小商铺的开业典礼，还是大企业的新品发布会，都将同直播结合起来，不仅会直播现场盛况，还会邀请网红参与直播，为企业站台。

根据"新媒体舆论和爆炸案件"的分析报告，网红传播已经进入全民创作，传播将不受平台的束缚。网红传播不受圈层限制的属性，能够给企业和用户打开一个更大的消费市场。相比于其他社交平台，直播对于网红的评价最为直观，实时互动的效率也是最高的。除此之外，直播还具有很强的兼容性。因此，可以预见的是，企业的传播预算将从微信平台向直播平台转移。

2016年，斗鱼提出了"直播＋"理念，并在中国实施了直播＋产业的战略。目前，斗鱼直播的领域已经覆盖游戏、户外、财经、教育等生活中的方方面面，集合了短视频和社交功能，使得直播的边界越来越广。

实践证明，"直播＋"将成为生活中的常态。目前，大部分网上直播是基于网红主播的泛娱乐化的直播，这仅仅是直播平台的冰山一角，直播的前景在于和现有平台领域以及业务模式结合之后的应用。通过在现有行业和平台中插入直播功能或在直播平台上开发新业务，能够将观看者变为消费者，例如，"淘宝直播""旅游直播""有道直播"等。

在行业和平台中加入直播功能，能够突破时间和空间的双重限制，让用户产生身临其境的感觉，体验更真实的生活场景，引起用户的兴趣和互动的欲望。这种嵌入式直播功能或垂直业务不仅能有效提升用户上网时间，还能拓展平台边界，最大限度地发挥平台资源优势。

二、人工智能或代替主播

直播间里的主播对于传统媒体来说或许算得上是新人，但是对于人工智能来说，直播只能是一个旧人了。

2016年3月16日晚，机器人"图图"在花椒直播平台上进行了机器人史上的第一场直播，吸引了近百万观众观看。机器人"图图"打破了人们对传统机器人的看法，它不仅一点也不愚笨，而且动作敏捷，反应迅速，能秀一字马，此外还多才多艺，能歌善舞，最妙的是它竟然懂得秀恩爱，通过向另一位机器人"灵灵"表白，虐死了一众单身狗。

两位的机器人出来的高智商与高情商，获得网友由衷地赞美，并心甘情愿为其打赏。在图图直播时，满屏都是网友刷的鲜花、跑车、豪艇。网友们的打赏使得图图和灵灵一站成名，收获的花椒币累计500万元，折合人民币

50 万元,让其他主播羡慕不已。

直播观众多是"90 后"甚至"00 后",他们更乐于接受和尝试事物,而机器人直播恰好满足了他们的心理需求,人们爱屋及乌,连带着对花椒直播的好感也剧增,机器人直播使得花椒直播的内容有别于其他直播平台,这种独特性,吸引了更多网友的关注。

2017 年,火爆的阿尔法狗引起了公众对人工智能的关注,人类的饭碗或被智能机器人抢走也成了热门话题。事实上,机器人已经在许多行业中使用,但还是第一次作为视频主播出现。不管怎样,机器人可以替代的职业中又增加了一个主播,对此,有相关人士指出,当用户对主播感到厌倦之时,便是机器人主播兴起之日,机器人主播能够激发用户的新鲜感,而这种新鲜感也正是当年主播走红的主要原因。此外,机器人主播不需要休息,可以连续不断的 24 小时直播,能够提高直播效率,它还不需要分成,这样在一定程度上可以减少直播平台对于优质网红的竞争。因此,不排除未来机器人主播会进一步侵蚀人工主播的可能。机器人主播的首次亮相取得的佳绩,将激励未来花椒直播引入更多的机器人,给用户带来更新奇有趣的内容。

在中国发展高层论坛 2017 年会上,诺贝尔经济学奖获得者克里斯托弗·皮萨里德斯表示:"未来 5～10 年将有 10% 的工作会消失,机器人和人工智能会替代一部分工作"。在 2017 年 12 月 3 日召开的互联网大会上,马云指出"过去 30 年把人变成机器,未来 30 年要把机器变成人。"他认为,以人工智能为主导的第三次技术革命已经打响,未来机器将会取代人类。百度公司董事长兼 CEO 李彦宏强调:"AI 堪比工业革命"。他表示移动互联网的人口红利已经结束,取而代之的是以人工智能为代表的技术创新会不断推动数字经济的发展。腾讯公司控股董事会主席兼 CEO 马化腾说道:"企业要从新技术的跟随者变成驱动者、贡献者"。他表示过去中国企业主要是借鉴国外的先进技术,而自身却不具备生产新技术的能力,但是现在时代变了,中国强大了,我们要从被动的跟随者,变为主动的创新者和贡献者,让其他国家跟随我们的步伐,大家一起进步。还有众多行业大佬纷纷围绕人工智能等前沿技术做出演讲,足以见得人工智能推动中国科技产业发展的重要性。

三、直播监管力度将进一步加大

现在直播正经历着从狭隘的受众人群到普通大众再到纵向产业细分的利益重组过程。在这一过程中,除了直播内容同质化之外,数据欺诈、资本泡沫和监管问题都对直播平台有所影响。在资本热中,为了融资和应对竞争,一些个人主播存在着刷粉的现象,当然并不排除也有平台在暗地里参与这种行为。

可怕的是在直播行业"刷粉"并不是秘密,大家都把这种行为当作正常现象,并没有人觉得有何不妥。2015年9月,一名游戏主播的在线观看人数达到了13亿人,这一事件迅速在网络上发酵,引发了大量讨论,刷粉事件也得以公之于众。除了数字欺诈外,作为用户的机器人账户的使用也存在。此前曾有媒体报道,直播平台的房间通过算法匹配机器人,一般的算法是自动播放比赛开始的时候,21个机器人进入房间;用户输入,自动匹配的机器人以1∶10的比例进入房间;当用户离开,匹配的机器人不离开游戏。

除了个人主播刷粉行为,主播背后的经济平台也有所参与。大多数经纪公司和直播平台是合伙制的,经纪公司大量向主播所在的直播平台充值虚拟币,直播平台会给经纪公司一定的优惠。以5折为例,花费1 000万充值2 000万,然后经纪公司再以观众的名义将2 000万打赏给他们所捧的主播个人。经纪公司通过与直播平台对半分成,可以净得1 000万的利润。这种做法一方面能够增加主播的人气,一方面能够使直播平台也拥有不错的流量。

除了数据造假,现在直播内容也开始造假。2017年刚开年直播界就爆出一条丑闻,当红游戏女主播贝蒂在直播中承认,她在直播中玩的游戏都是请人代打,之前比赛一直是由他人操控,这一事件在粉丝中造成了极大的轰动,大家都难以接受这种行为,也不会原谅她这种行为。而最近的"伪慈善"直播,也让人们失望透顶。

在低门槛的秀场直播中,一些主播为了吸引眼球,增加流量,往往采取"漏点"行为来吸引粉丝。网络直播平台充满色情和低俗文化的内容已被有关部门多次批评,但是诸如"直播自残""直播撩妹"等事件仍然不断地出现在直播平台,有的甚至被推荐到首页,这种行为无疑是在玩火自焚。

不可否认的是,过去的直播行业确实有个别主播利用粗俗、非法的直播内容吸引观众的眼球,成为整个直播行业的耻辱。为了进一步管理网络的混乱局面,加强对网络平台的治理,加大对违法行为的处理力度,2016年以来,关于直播平台的条例陆续颁布。2016年5月,《北京网络直播行业自律公约》正式生效,明确了直播需实名认证、直播水印、标识设置、视频内容存储和主播培训规定。7月12日,国家互联网信息办公室发布通知,要求全国互联网直播服务企业从7月15日起,到互联网信息办公室登记备案。通知要求,各互联网直播服务企业应认真落实相关备案要求,逾期不备案的违法企业、网信部门,依法与有关部门联合进行查处。9月9日,国家新闻出版广电总局发布了《关于互联网视听节目现场直播服务管理问题的通知》。未经批准,任何组织和个人不得使用电视台、广播电台、TV等专有名称在互联网上开展业务。11月4日,国家互联网信息办公室发布了《互联网广播服务管理条例》。该《条例》共20项,对直播新闻管理、平台和主播直播服务资格和技术能力提出明确要求。风口期之后,直播进入低潮阶段,平台对主播的甄别和核查机制要更加细致严谨。

实名认证已经成为很多直播平台对主播的强制性要求。2014年1月,斗鱼直播刚上线便首先实行了主播实名制。斗鱼直播的创始人和首席执行官陈少杰表示,为了确保实名认证更加有效,斗鱼直播利用身份证和银行卡对主播进行双重认证,平台在对主播进行认证时,需要等待认证的主播提供身份证,并且将银行卡绑定,还要通过转账来确定银行卡是否为本人所有,只有一切操作无误后,认证主播才可以进行直播。然而,即使实行实名认证,直播平台仍然存在许多漏网之鱼,还需要加大审查力度。可能有数十万甚至几百万的主播同时直播,但是直播平台并没有这么多人手让每个房间都有督察实时监控。

在这种情况下,目前业界通常通过数据流量的变化来监测平台的异常情况,比如当他们在检测后台发现某一个主播的访问量突然急剧增加时,就会赶到直播房间进行查看。通常这种情况,都是主播做出了不良行为而吸引了诸多粉丝。

虽然主播会利用几分钟甚至几秒钟的时间违规,让监察人员不易发现,但是一旦发现,就会对其进行严肃处理。考虑到直播平台的特性,"24小时无间断监控"已成为很多直播平台的标准。如花椒直播就采用的是7×24小时三班倒不间断监控,以便实时监督处理主播的不良行为,维持直播平台的秩序。

首个采用实名认证的"斗鱼直播"也采用7×24小时监控直播内容,一旦发现主播有违规行为,监察人员将毫不手软,该封号的封号,该惩罚的惩罚,该警告的警告。在具体的操作上,斗鱼直播对主播的管理类似于驾照管理的方式,主播共有12分,发现有不良行为,就视其情节严重程度扣分。如果这个分数扣完,主播的直播室将被永久封禁。

虽然现在许多直播平台加强了对主播资格和内容的审查。一旦发现主播有违法内容,将对主播处以罚款乃至封号等。不过,直播平台也表示,这种审查监管方式自身也存在着弊端。随着监管力度的加大,许多中小型直播平台由于缺乏内容安全审查机制,不得不中途退场。行业也将面临洗牌,能留下的都是大型的直播平台,直播的内容也将趋于完善,大型直播平台实力也将进一步增强。总的来说,整个直播行业将越来越健康。

对于直播平台来说,最大的问题在于国家规定直播平台要有"就业"证书,才允许上岗。根据我国的相关法律法规的规定,未持有许可证的机构,不能开设直播业务,这就导致了许多的小型直播平台暗地里违规操作。但随着未来直播平台监管越来越严格,许多违规操作都小型直播平台都将被淘汰。

第五章　新媒体软文营销

软文已经在不知不觉间以润物细无声的方式进入大众的生活，无论是传统媒体还是微博、微信等新媒体平台，都已经成为软文营销的展示舞台，也成为无数企业营销和个人营销的主要选择。软文营销在广告界成为现如今乃至于未来的一个主要的新发展趋势，它已经显示出其强大的威力，引起了社会各界人士的广泛关注，通过帮助企业树立品牌形象、吸引更多客户的注意力，从而让企业在互联网思维的引导下实现营销的最终目的。

第一节　软文营销概述

数字技术正在以超乎人们想象的速度改变着大家的生活和工作。随着新媒体时代的不断发展和技术的不断革新，软文在互联网时代脱颖而出，成为促进传统营销方式改革的巨大推动力。越来越多的行业开始加入软文营销之中，也开始探索软文营销的秘诀。

一、软文的概念与分类

(一)软文的概念

对软文通俗的理解就是打着文章旗号的广告，软文的概念有狭义与广义之分。狭义的软文指企业花费在报纸、杂志等宣传载体上刊登的纯文字性的广告，即付费文字广告。广义的软文是指企业通过策划在报纸、杂志或网络等宣传载体上刊登的可以提升企业品牌形象和知名度，或可以促进企业销售的一些宣传性、阐释性文章，包括特定的新闻报道、深度文章、付费短文广告、案例分析等。

(二)软文的分类

软文的形式多种多样，了解常见的软文分类，把握各类软文的特征，选择不同的软文形式进行软文内容策划,有助于企业更好地进行软文营销,起到事半功倍的作用。

1. 新闻报道类软文

新闻报道类软文是软文营销的一种基本类型,也是企业营销的一种常用手法。当有重要活动和特殊动态时,企业会以新闻报道的形式将事件报道出去,获取读者的关注。新闻报道类软文其实就是以热门事件为噱头,披着新闻报道外衣的公关软文,在写作上注重新闻手法,将时间、地点、人物等新闻要素交代清楚,给读者一种真实的感觉。

2. 故事类软文

软文营销中,企业惯用的一种类型就是故事类软文。故事式软文是通过讲述一个完整的故事带出产品,由产品的"光环效应"和"神秘性"给消费者造成强烈的心理暗示,从而达到宣传产品或服务的目的。故事类软文的写作中需要借助一段故事,产品信息要出现在故事的高潮处,使之成为故事必不可少的线索之一,从而强化营销效果。当然,这个故事可以感人,可以搞笑,可以夸张,但是绝不能平淡无奇,吸引不了读者的兴趣。因为讲故事不是目的,故事背后的产品信息是文章的关键。

3. 促销类软文

促销类软文就是通过利用攀比心理、影响力效应等因素来激发潜在消费者的购买欲望。对比是人们的天性,无论是价格还是质量,人们在购买一种东西时都会不自觉地进行对比,寻找性价比最高的产品,这就是促销手段在当今盛行的原因,也是促销类软文在营销市场占据一席之地的原因。

4. 疑问类软文

疑问类软文也叫悬念式软文,其核心就是提出并围绕着一个问题自问自答,引起话题和关注。人的猎奇心理是很难满足的,很多人都希望窥探一下别人的隐私或者别人不知道的事情。这类文章就是先设定一个文章主题,以深入分析的方式设问,从而达到做好产品的宣传。疑问类软文的设问必须符合常识,具有吸引力,不能胡乱编造,否则会起到相反的作用。

5. 逆向思维类软文

逆向思维类软文通常是指跳出正向的思维逻辑,从反面出发命名标题,但能够达到正向,思维式标题的影响力。人具备思想的同时也拥有好奇的本能,对于未知的人或事物都有种想知道的欲望,所以,软文成功的关键在于是否有足够的吸引力,让消费者有关注内容的欲望。很多时候,一篇软文只有达到吸引人的效果,才能将消费者一步一步地带进营销的"陷阱"中去。逆向思维类软文正是抓住了这一点,将消费者的兴趣点吸引过来,将营销引入大家的视线中去。

6. 情感类软文

情感类软文是将针对性强的美好温馨的信息使用情感表达方式传递,以达到打动消费者的一种重要方式。这类软文容易直攻消费者内心,促成消费。情感类软文由于信息传达量大,且针对性强,更能引起消费者心灵的共鸣,因此,传达情感也就成了软文最打动人的重要特色,也使得软文更加容易走进消费者的内心,成为软文营销中屡试不爽的灵丹妙药。

二、软文营销的概念与分类

(一)软文营销的概念

软文营销,即通过特定的概念诉求,以摆事实讲道理的方式使消费者走进企业设定的"思维圈",以强有力的针对性心理攻击迅速实现产品销售的文字模式和口头传播。软文是基于特定产品的概念诉求与问题分析,对消费者进行针对性心理引导的一种文字模式,从本质上来说,它是企业软性渗透的商业策略在广告形式上的实现,通常借助文字表达与舆论传播使消费者认同某种概念、观点和分析思路,从而达到企业品牌宣传、产品销售的目的。软文营销是一种"讲故事"形式的营销手段。软文营销运用灵活的方式将广告隐藏在软文当中,神不知鬼不觉地将广告诉求悄悄植入读者心中。

(二)软文营销的分类

按软文营销作用的角度不同,可分为以下三类。

1. 推广类软文营销

推广类软文营销主要借助网络平台发布软文对产品或企业文化进行宣传和推广。这类软文营销只有一个目的,就是让更多的人了解自己的产品。从产品附赠的产品说明书到制作精美的海报,从介绍使用心得的邮件到企业官网的企业文化栏目,都属于推广类软文。

2. 公众类软文营销

公众类软文也可以称为公关软文或 PR 稿件,其主要作用是帮助企业处理公关关系,作为企业对外宣传的喉舌,向外界宣传企业的产品、服务和文化。公众类软文写作一般主题很高大上,角度比较宏观,给企业树立一个积极、正能量的光辉形象,虽然它动机主要是追求商业利益,但是把这个动机层层包裹在公益、奉献的外壳里。公众类软文的表达方式和营销载体也很多样,可以类似于新闻报道也可能是经售仪式,可以是企业会客厅中循环播放的企业宣传片,也可以是危机公关中公关经理发表的演讲。

3. 品牌力软文营销

顾名思义,品牌力软文就是帮助企业树立和宣传品牌的软文,写作手法以故事性叙述为主。品牌力软文的体裁形式丰富多样,可以是人物自传式的长篇巨制,也可以是一封感谢信形式;可以以企业为第一人称介绍品牌的历史和发展历程,也可以从业内专家的角度进行分析与评价。无论哪种形式,哪个角度,目的都是提升品牌知名度和影响力。

一个品牌的传播离不开它核心的品牌价值,如何演绎品牌价值需要在软文写作和营销上下功夫,在写作上既要有强大的气势与感染力来吸引用户,又要真实客观不使用户产生逆反心理;在营销传播中既要有足够的覆盖面,方便用户看到,又不能过急功近利令用户反感。

三、软文营销的特点与优势

(一)软文营销的特点

1. 软文营销之"软"

软的东西天生就给人一种人畜无害的亲近感,如同洁白的云朵,看起来很容易接近,并且使人很想接近,不会有防备心理。软文就需要这样的"软",一篇成功的软文看上去或像封情书,或像篇小说,或一篇人物传记、一篇新闻,这样的文字给消费者一种读读也无妨或想要探究一番的感觉,可以把消费者悄无声息地带到预设的营销场景中。无疑,"软"是软文营销最大的特点。

"软"是相对于"生硬"来说的,硬广告往往以非常生硬的方式讲述产品的功能和特点,通过硬性条件博得消费者的认同。相对于硬广告,软文则侧重表达产品所营造的氛围以及迎合消费者的心理预期,制造出消费者的体验场景,软文并没有那么明显地在文章里面推销产品,不会直接在文章中提及产品的功效作用,有的甚至不体现品牌,而是诱导目标消费者自己去关注和搜索相关产品内容。

在一场成功的软文营销当中,策划方费尽心思要做到的就是,让消费者自愿传播和转发其发布的软文,只有用户的自发互动才能实现粉丝的积累,才是转化率的体现。如果一篇软文能做促销产品而令人不觉却又过目不忘,那么这就是一篇好的软文,也恰如其分地体现了软文中"软"字的精妙之处。

2. 软文营销之"深"

因为近几年来各种广告推广的泛滥,让大多数用户都产生了抵触情绪,软文的广告信息一般隐藏很深,很好地避免了只有流量没有产量的广告方式,它把硬性广告藏在具有可读性的文章中,让用户在浏览文章的同时无声无息地接收广告信息,让用户更易于也乐于去接纳广告信息。

软文营销一般都披着迷惑的外衣,是一种"讲故事"形式的营销手段,具有隐蔽性。软文可以在通篇文章中不说产品品牌的一个字,而是运用灵活的方式将广告隐藏在软文当中,神不知鬼不觉地将广告诉求悄悄植入读者心中,让人们记住产品,当客户在需要产品的时候,他们会自然而然地想到软文中描述的产品样子,进而再去了解产品品牌,最后客户决策,达成交易目标。

软文就像是 WIFI,看不见、摸不着,却无处不在,它在大众浏览的网页、使用的博客、看到的留言、了解的词条、接收的邮件等中隐藏着。它能在人们觉察之前,就已经渗入到人们的头脑和思想中,这就是软文营销的威力所在。

3. 软文营销之"情"

随着人们获取信息的渠道和方式发生了改变,内容直白的硬广告不再受消费者的青睐。消费水平的提高使得用户对产品的功能性需求逐渐减弱,很多时候消费者购买一件产品的动机只是由于情感性需求。

软文营销是把商品特征和品牌价值推到人心深处的有效途径和载体,软文营销最高的境界是以情动人。软文常常打着"情怀"的旗号进行营销宣传,这样的案例不胜枚举,但每一次都可以精准地戳中用户的"情怀心",并且屡试不爽。

软文营销能够深入把握消费者的心理,立足于消费者需求组织文字,打动消费者,实现营销。一篇优秀的软文在抓人眼球的同时,能制造出话题性和冲突点,抒发某种情怀,能够引起人们的互动热情和持续关注度,甚至引发别人的共鸣。

4. 软文营销之"趣"

软文更像是一个有趣味性的故事,在文章中间会有很多让人意想不到的神奇转折,和读者最初的想法有着极大的反转。受众点击该文章只是想看故事,结果看到结尾时才发现原来这是一个广告。

想要写好这一类软文,营销人员应注意平时积累,关注网络热点,搜集表情包和网络用语,多逛论坛,了解需求。最重要的是,此类软文不提及太多品牌内容,不能够让读者一眼发现其文章或段子的真实目的,而是将趣味性、创新性放在首位,只有勾起读者的阅读兴趣,设置反转情节,才能使软文营销的影响力更大。

(二)软文营销的优势

当今时代是信息爆炸的时代,各行各业都在试图通过广告等营销方式将产品和品牌推广出去,因此,随着新媒体的发展,对于企业而言,再也不是"酒香不怕巷子深"的时代了。新媒体营销的方式越来越多样化,最基本最广泛的还属软文推广。软文营销能迅速、低成本地提高企业和产品的形象,提升企业和产品的知名度和公信力,既节约会计成本又节省时间成本,软文营销越来越受到企业的重视,成为企业获得财富的重要营销手段,其优势主要体现在以下几方面。

1. 为网站带来更多流量

借助网络平台,软文营销广泛运用于专业论坛、新闻网和博客等,并取得理想的营销效果。软文最大的好处就是可以扩大信息传递范围,让更多人访问网站。软文营销中蕴含着无穷的力量,短短的豆腐块文章,其所带来的强大的营销效果却是不可忽视的。写得越好的软文越看不到广告的痕迹,于无声处把该说的说了,让用户不知不觉间接受了产品。消费者特别喜欢专业论坛能聚集大量某一行业或类别的消费群体,论坛以此展开软文营销具有很强的针对性。同时,软文能巧妙而合理地进入新闻网,相比硬邦邦的广告和企业新闻,这样的软文润物无声,消费者更容易接纳。

2. 提升企业搜索引擎排名

软文营销十分注重内容在搜索引擎的重要性,而且,软文中的关键词是可以被掌控的。对于软文来说,关键词是表达软文主题内容的主要部分,企业软文就是要做到让读者看到文章关键词或者标题就有探究文章内容的想法,从而增加企业搜索引擎排名。

3. 塑造品牌影响力

很多时候,软文并不需要华丽的辞藻来修饰,一个温暖人心的小故事也能让客户备受感动,从而记住产品,记住企业。品牌故事可以凭借其独特的"软度"及对产品品牌的深度挖掘成就品牌营销,从而达到吸引客户兴趣的目的。软文营销的终极目的就是为了产品的营销,具有亲和力的文字更容易让客户产生兴趣,同时也能达到吸引新客户、留住老客户的目的。

4. 软文营销投资性价比高

软文作为营销手段中一种有效的方法,是性价比颇高的一种方法,投资少、回报快。媒体对软文的收费比硬广告要低得多,所以在资金不是很雄厚的情况下,软文的投入产出比较科学合理。软文除了主流平面媒体和网络媒体需要付费之外,还有很多免费的平台,所以企业从各个角度出发都愿意以软文试水,以便使市场快速启动。

5. 软文营销操作更灵活

与硬广告各方面受限不同,软文营销更具可操作性,更加灵活。软文从标题、内容上都可以精准地针对受众,特别是网络软文可以不限篇幅,可以插入图片,可以插入超链接,可以设置百度检索的"关键词",搜索结果更为精准。

第二节　软文营销的基本架构

成功的软文营销架构包括三大块:一是热标题,软文的标题对软文的营销力度影响是很大的,只有通过标题将读者吸引过来点进去,软文才会发挥自己的优势。一定要注重标题党,标题成功,就是三分之一的软文成功。二是优内容,软文内容是进一步影响读者购买意愿的重要因素,一定不能大意。软文需要语言简洁、逻辑通顺、主题清晰。三是巧设关键词,关键词是软文的灵魂,关键词设置的重要性在于能否让用户在第一时间内利用搜索到,或从更多不同角度、以更高的概率找到。关键词的设置应该从多角度全面体现所推广公司产品或服务的特性。关键词是对软文起到画龙点睛的作用,还是起到反作用,取决于选择好关键词。

一、热标题

软文的标题犹如企业的 Logo，代表着文章的核心内容，其好坏直接影响软文的成败。标题作为读者对文章的第一印象，起得好不好决定了是否能吸引读者的注意力。随着互联网技术的不断进步，朋友圈逐渐被"标题党"刷屏，这时候，标题的作用就凸显出来。

(一)软文营销中标题的作用

在软文营销传播中，标题最能够体现作者把握文章思想和运用文字的能力。而软文营销作为一种"文章中的广告"，标题是吸引读者阅读兴趣、概括和评价文章的主要板块。当然，随着营销手段的不断提高，越来越多的创作者为了使文章更加吸引读者眼球，往往会在标题上"搞特殊"。

一篇文章的标题很多时候要想吸引读者眼球，要具有很强的幽默感和娱乐性，要充满智慧和创意，需要用心去构思。标题是软文的题目，它表明一篇软文的主旨，抓住文章的要点，既能吸引读者眼球，也能获得搜索引擎的青睐。标题在软文中起到四大作用：引起注意、传递信息、筛选受众、推动阅读。

(二)软文营销的标题撰写原则

1. 短小精悍

标题切忌冗长、面面俱到，要用最少的字表达最核心的主题。正因如此，软文营销十分注重标题的撰写，"标题党"也应运而生。标题要抓住用户眼球就要做到简洁有力，短小精悍。

2. 突出主旨

在着手软文写作之前，需要明白软文的主题内容，并以此命题，从而让软文标题与文章内容能够紧密相连。无论撰写软文的主要内容是什么，其目的是吸引用户去阅读，去评论，或者是让更多的人转载，从而带来软文外链，如果软文标题与软文主要内容不相关，那么软文的目的就很难去实现。

3. 抓住热点

以热门新闻事件为噱头为软文创作标题，新闻事件一发生，互联网上马上就会出现大量的相关报道，各种形式、各种角度的文章层出不穷，用户搜索新闻事件的关键字就会出现成千上上万个文章标题,用户选择点击哪篇文章就看哪个标题满足他的需求。

4. 推陈出新

对于一篇需要耗流量的软文来说,有创意的标题再好不过了。很多消费者对于网络上的文章已经没有什么新鲜感了,如果看到不吸引人的标题就更不会点进去看文章了。所以,一个有创意的文章标题,是软文营销的必备条件。

5. 迎合受众

每一位消费者都是带有自己的心理想法在看一篇软文的,所以,只要抓住他们的心理想法来写标题,就能起到事半功倍的效果。在标题中融入消费者的关注点,就能从心理上引导消费者来看。

6. 突出关键词

标题中的关键词直接决定搜索引擎的收录,但是,软文的标题不能出现过多的关键词,关键词多了,权重易分散。

具有吸引力的标题是软文营销成功的基础条件,人对新鲜的东西都有一探究竟的欲望,新颖独特的标题能给大家带来更多的兴趣。标题赋予软文一种诱惑力及神秘感,这样才能吸引新客户的兴趣,也为老客户的阅读增添一丝乐趣,当然,也不能变成恶性"标题党",给客户一种"货不对版"的感觉。

二、优内容

(一)软文内容的组成

世界是千姿百态的,软文的内容及表达方式也是丰富多彩的。软文的内容一般包括开头、正文、结尾三部分。

(二)软文内容的作用

软文写作中最重要的就是软文的内容,好的内容是读者能够认真看下去的必要条件,是传达作者理念和软文营销效果最大化必备的,是留住读者以及后续回访的基础条件。所以说,软文内容是软文的主体和基础。

(三)软文营销的内容撰写原则

1. 突出特点，力求新颖

一篇立意新颖的软文会让读者眼前一亮，引起强烈的好奇心。这就要求软文内容突出特点，以情感人，描写要精致，详略得当，有自己的语言风格，根据感情基调烘托出和谐的气氛；要善于用新的思路给受众一种豁然开朗的感觉，语言要优美、精练，故事性严密。

2. 靠事实和数据说话

软文要尊重事实，有一说一，有二说二，真实准确。软文提供的数据信息对受众要有价值、有用处，能够给人们带来帮助，需要将创意性和专业性结合起来，给用户以一定的可信度，才能使其有着较强的传播力。

3. 适度凸显产品优势

在软文的撰写中，营销广告要做到不显山不露水地进行销售。软文营销的最大特点就是"润物细无声"，要想真正将产品进行软文推广，就要做"不是广告的广告"。做软文营销的时候，穿插的广告一定要适中，千万不能出现广告满天飞的情况。

4. 情感故事不可少

写作时应站在读者的角度发表对产品、事件等的见解，多从读者角度去考虑问题，不要把自己的观点、意志强加给对方，应该以讲故事的方式引导读者接受。在软文中讲述故事是一个重要的方法，写好软文，首先要求善于搜集材料，读懂材料，弄清阅读对象的层次、要求，提炼出写作的主旨；用灵活生动的语言来缩短产品与读者之间的心理距离，能迅速消除陌生感，增强信任感；再运用典故、故事、生活中的事例去分析问题，解决问题，从而增强软文的时代感和现实意义。

5. 历史文化不可丢

对于大型企业来说，都会有自己特有的企业文化或者产品历史，这个强大的文化底蕴是创意类软文的一个素材。对于消费者来说，历史越悠久的东西越受欢迎。因此，现在很多大型企业的软文营销中都会介绍自己悠久的文化历史，从而取得消费者的信任，美化企业形象，让品牌深入人心。

三、巧设关键词

(一)软文营销中关键词的作用

软文关键词,就是将文章主旨概括成一个词语或者几个词语,短小精悍。在软文推广中,关键词的选择是在软文营销成功与否中占据很大比例的关键部分。关键词作为软文之中的精髓,在文章中起到精神支柱的作用,它自然是网络搜索引擎不得不关注的一件事情。网络推广是软文营销的主战场,只有选好关键词,才能在营销中占据有利地位,也才能为企业带来可观的经济效益。

在搜索引擎的世界里有一个"常胜将军",那就是关键词搜索,它也是网络搜索中的主要方法之一。对于软文撰写来说,关键词是表达软文主题内容的重要部分。因此,关键词的设定是巧妙博得搜索引擎青睐的重要方法,它也成为企业软文提高曝光率和转载率的重要条件。

(二)关键词的分类

1. 长尾关键词

在关键词的分类之中,长尾关键词是网站搜索流量的主要关键词方式。长尾关键词一般是一个短句,其典型特征是比较长,往往由两到三个词甚至是短语组成,存在于内容页面。长尾关键词不仅存在于软文内容的标题之中,还存在于软文正文的内容中,更加方便了网民的搜索,加大了其转化率。

2. 核心关键词

所谓核心关键词,顾名思义就是将网站主题用最简洁的词语概括起来,也是搜索量最高的词语,可以是产品、企业、服务、行业等名称或是这个名称的一些属性、特色的词汇。

3. 辅助关键词

通俗地讲,辅助关键词就是对核心关键词的补充,是与核心关键词相关的近义词、解释、名称、术语等,主要是通过辅助关键词对核心关键词进行补充优化,从而起到吸引用户的作用。

(三)软文营销的关键词设置原则

众所周知,关键词搜索是网络搜索索引的主要方法之一。对于软文营销来说,关键词是表达软文主题内容的主要部分,企业软文就是要做到让读者看到文章关键词或者标题就有一探究竟的想法,从而增加企业搜索引擎排名。好的软文就如同一盘精妙的棋局,步步为营,而软文的关键词就好比是一枚克敌制胜的关键棋子,一旦下错了这枚棋子,便会使棋局满盘皆输,所以关键词一旦布局得不好,那这篇软文就成了一篇废文,没有任何的意义。那么,关键词的设置有哪些原则?

1. 找准适合放置关键词的位置

企业搜索引擎中,关键词的位置决定了软文搜索的点击量。在软文中加入关键词,更加利于用户的搜索,有助于提升网站的点击量。一般来说,关键词的放置位置决定了用户的搜索结果,不同的关键词会得到截然不同的结果。

(1)软文标题一定要植入关键词

因为用户接触软文首先看到的是文章的标题,所以标题里植入关键词是非常重要的。一篇好的软文要真正带动网站的点击量、被搜索引擎收录、发挥销售力,其标题最好包括相关的关键词,构成一个关键词组合。只有在显眼的位置多次曝光关键词,才能使用户在第一时间看到关键词,加深印象,即使接下来用户因其他事或不感兴趣而无法继续阅读软文,也会记住关键词。

(2)在软文的第一段可以植入关键词

第一段和标题一样,对于搜索引擎来说,抓取的作用最大、效果最好。所以可以在软文的第一段适度植入关键词。

(3)关键词必须在正文中有所体现

在一篇软文中,需要根据上下文的需要在软文的段落中适当地加入关键词,通常要贯穿全文,开头、正文、结尾都可以有所体现,在保证软文整体合理的前提下,加入关键词。

2. 关键词植入形式要巧妙

软文之所以备受推崇,与它的营销是密不可分的,在软文中巧妙植入关键词是软文营销的关键。关键词对软文的搜索引擎优化有着非常重要的价值。因此,一篇软文中要掌握关键词的密度、突出度、相关性和通用化,学会巧妙、自然地在文章中植入关键词,才能达到软文营销的最大效果,又不至于让大家反感。

搜索引擎中植入关键词要把握适量原则,不能过少,让读者找不到重点,也不可过多,可以适当重复关键词,更不要在同一行连续两次以上使用关键词,要关注关键词的突出度。关键词的植入关系着软文营销是否能够成功,也关系着是否能增强企业搜索引擎排名。因此,关键词要和主题有明显的相关性,还要尽量通用化,以免读者或者潜在消费者不了解,从而失去软文营销的目的价值。

3. 从多元角度考虑关键词

关键词的设置应该从多角度全面体现所推广公司产品或服务的特性。首先要从用户的思维去思考、选词,注意积累用户的搜索习惯。做网站的最主要目的就是吸引用户,提高网站流量,所以在选择设置关键词时需要考虑用户的搜索情况。在选择关键词的时候,可以多列举出几个可以作为核心关键词,然后换位思考,从用户的搜索习惯、浏览习惯以及阅读习惯等出发去选词,以保证关键词设置更加接近用户。

仅仅只是了解用户还不够,还需要了解同行及竞争对手网站的关键词及布局,这样才能掌握关键词的竞争热度,通过对比分析做出优化。

4. 关键词在软文中分布在要合理

注意关键词密度,一般来说,软文关键词的植入密度应是占比 $3\% \sim 7\%$。网络上数以千计的词语成为人们搜索中重要的关键词,要学会使用网络搜索引擎来进行统计网页上的字数,重复出现的词或者短语都是较为重要的关键词。如果必须要多植入,可以对关键词进行拓展,如用长尾关键词拓展,但切记不要有重复。搜索引擎会利用自身的算法来统计页面中每个词的重要程度,使得关键词密度不断提高,达到搜索引擎优化策略的理想效果。

5. 关键词能体现软文的中心思想

软文内容必须与软文标题的关键词密切相关,因为软文的灵魂就是关键词,软文的内容就是为关键词做铺垫的,而且搜索引擎会抓取与标题关键词相关的内容作为描述。千万不能随意嵌入关键词而导致文不达意。如果欺骗了搜索引擎,搜索引擎也会给予惩罚。

(四)软文营销中关键词的布局技巧

"得关键词得天下",可以通过下面几种技巧来布局软文关键词。

1. 心得体会法

这是软文创作中最常用的一种技巧。通过一些体验或感受作为切入点，利用大众的同感来寻找彼此心灵上的共同融合点。自然地引出这些心得体会，顺理成章地嵌入关键词，引起共鸣，在共同的体验和感受中再自然过渡到相应的关键词上，以达到软文的营销推广效果。

2. 比较嵌入法

无论是什么样的网站或者什么样的产品，都不可能是独一无二的，因此在撰写软文时可以用比较法，以用户的口吻对这些类似的门户网站或产品进行比较，分析优、缺点，然后再把文章的重点潜移默化地转移到自己的网站或产品上，加深大家对网站或产品的印象，从而产生到网站上浏览或购买产品的欲望。

3. 散文、故事法

这类软文需要软文高手来撰写，不然会很容易写偏题。过分注重故事讲述容易忽略软文关键词的诱导。好的散文、故事型软文应该紧紧围绕关键词本身来撰写，撰写故事的主要目的就是为关键词做铺垫。

4. 日记心情记录法

这种方法有些像心得体会法，适合针对女性读者，主要是利用女性喜欢交流各种心得的特点模仿撰写一些相关的心情类文章、日记等。

软文是网络推广的重要方式之一，在软文中植入关键词首先要了解关键词，遵循关键词植入的原则，并对关键词进行分析，策划关键词植入时机，把握关键词在软文中出现的频率，运用关键词布局技巧进行植入。切记植入关键词时语句要自然通顺、简洁流畅，切忌太过冗长，适得其反。

第三节　软文营销的平台

在新媒体环境下，随着科技的不断进步，互联网技术在不断提升，网民数量也在不断增加。因此，软文营销在微信、微博、论坛、网店等新媒体平台上不断引起重视，并不断创造着收益。当然，各个平台有不同的受众群体，这也证明要想真正玩转软文营销，就要了解软文是如何在不同平台上进行营销的。

一、微信平台软文营销

近几年来,微信已经成为用户最多、使用频率最高的社交软件之一,微信平台软文营销也已经成为目前大多数互联网企业最热衷的一种营销方法。在微信平台的软文营销中,有很多方式使营销做得更好。从根本上来讲,微信就是推送符合用户口味的软文营销方式。

(一)微信平台软文营销的方式

微信的营销方式一般来说分为四种方式:自媒体运营、直发、二维码和微网站的方式。而在微信营销中,很多时候都是通过二维码和微网站的方式进行营销推广的。要想真正做好微信平台软文营销,还是要从内容进行策划,也就是做好软文的策划。

1. 微信自媒体运营

微信自媒体运营通过内容吸引更多的潜在客户关注自己,然后通过内容推送来增加用户的黏度,进而把用户转化成客户,或者转化成能介绍客户的忠实粉。

2. 微信直发

微信软文直发就是选择合适、目标群体多的微信号,精心策划用户关注的内容,在目标群体关注的微信号上撰写文章直发。

3. 二维码运营

有了微信平台以后,企业策划的软文、视频内容可以用微信推送,附上微信二维码,客户可轻易通过新闻扫描企业的二维码,保持长期的联系。

4. 微网站

企业传统的做法是将电话或者网址放到新闻稿里,这样的广告过于明显,也失去了提升信任度的作用,如今企业可以开发微网站来让更多用户更方便地了解企业,利用其他广告发展微信粉丝,再通过微信运营将粉丝转化。

(二)微信平台软文营销的特点

微信平台的软文营销不同于别的营销,微信软文投放可以覆盖 PC 网络和手机网络市场,并且它是与自己的交际圈密切相关的营销方式,微信的用户是真实的、私密的、有价值的,通过在具有一定代表性的微信大号上投放软文,便可产生精准的营销效果。投放软文后,微信接受方会收到消息提示。通过微信营销,可以创造条件吸引客户与企业通过网络媒体平台进行线上或者线下沟通交流,企业可以获取客户对企业产品服务的反馈信息,为企业进行调整战略、优化产品、提高服务创造机会。因此,微信中的软文相比其他平台来说,具有可信度高、成功率高、精准营销、互动双赢、覆盖面广等特点。

(三)微信平台软文营销的优势

用户量增加和企业营销需要对微信软文营销提出了更高的要求,必须要用高质量、值得信赖的产品来维护好这个微信营销产品的粉丝圈,更好地进行营销,扩大宣传。相对于传统媒体和其他平台,微信软文营销具有分享性、趣味性和价值感等优势。

1. 分享性

微信软文营销没有时空限制,受众广、速度快、版面不太受限。在微信平台推送高质量的软文能够引起大家的兴趣,并且引发大量的阅读率与转载率。微信的功能可以增设价格查询、产品故障申报等,真正和用户做到明确沟通、互动,了解推送对象,提升消费者的信任度。

2. 趣味性

微信中的功能,如视频和语音,是微信平台软文成功的"有力武器"。在软文中加入一小段企业的视频或者语音,也可以聘用影视界人士或者企业的领导人进行录制,使其影响力大大提高,效果也会更好。多种技术和手段综合运用可以从心理打动消费者,使他们觉得这个微信有意思、有价值,不枯燥无味。

3. 价值感

普通的广告容易导致消费者的排斥心理,而微信软文传播的形式可以绕开这种排斥心理,在极短时间里让客户产生信任感,迅速提高产品影响力和关注度。颠覆传统高成本的平面及电视广告营销传播模式,在资金不是很雄厚的情况下,微信软文可以以小成本的投入收获较大的营销效果,具有很高的投入产出比。

(四)微信平台软文营销的写作技巧

微信软文是根据产品的概念和特点进行深度分析,进一步引导阅读者进行消费的文字模式。一篇好的微信软文对消费者的心理引导作用是非常大的,所以在微信营销过程中,写好微信软文是一个重要的课题。

微信运营在营销方面的成就很大程度上取决于软文的策划。因此,做好微信平台软文营销策划,才能更好地进行产品的宣传和推广。对内容和文字的驾驭能力是微信平台软文营销成功的关键。微信软文写作技巧包括以下几种

1. 核心扩展法

核心扩展法是指先将核心产品单独列出来,再从销售方法、产品特点、产品效果等方面对核心内容进行扩展,这样写出来的软文始终都是围绕着一个中心来表述,不会显得杂乱无章,对读者的引导力会更强。

2. 卖点延伸法

卖点延伸法又叫各个击破法。这种方法是最常见的方法,就是从产品的每个特点分别单独介绍,配合图片一一介绍和延伸,突出产品功效。这种写作方式虽然老套,但是可以将产品卖点充分介绍清楚,总有一个卖点是能够吸引到用户的。

3. 三段式写作法

微信营销软文一般篇幅较长,大部分读者是没有耐心读完全文的,所以在编写软文的时候尽量将重点浓缩在第一段,先将读者的胃口吊起来,再继续解释为什么要看这篇文章,最后再强调产品的优势、独特性、销售卖点、价格优势或赠品,为客户产生购买欲再推一把。

4. 案例引导法

消费过该产品的用户说的话更有分量,因此买家评论最能影响客户的判断力。要想迎合用户的这种观望心理,需要微信软文编写者充分利用买家秀、买家心得等消费者案例引导读者。

5. 图文并茂法

精美的图片可以为微信软文增色。一篇成功的微信软文离不开精美图片的配合,结合时事新闻图片,将内容和图片合理地分布在文章内,一篇精美的图文软文就完成了。

二、微博平台软文营销

微博以短短的一百多字更新信息,实现了即时分享,已经成为人们了解第一手资讯的一个重要方式,也是一种重要的社交网络平台。微博逐渐成为大众交流平台中最有效果的平台之一,利用微博做推广也逐渐在各大行业中崭露头角,也获得了巨大的收益。

(一)微博平台软文营销的特点

1. 广泛性

微博作为在营销方面有着较大和较多使用用户的平台,营销范围相比其他平台更广,微博软文通过粉丝进行病毒式传播,加之名人效应,能使事件传播覆盖面呈几何级放大;利用微博的影响力,大大提高企业产品的名气、知名度,从而达到销售的目的,效果非常的显著。

2. 多元化

微博软文营销可以借助先进多媒体技术手段,用文字、图片、音频、视频等展现形式相配合来对产品进行描述,从而使潜在消费者能更形象直接地接收信息。一些微博软文中,图片才是文章的主体,为了吸引消费者的目光,为了在娱乐化中影响受众,有意将文章图片化,使软文内容的多元化特点明显展现。

2. 时效性

微博最显著的特征就是时效性强,传播迅速。针对某一事件,一条关注度较高的微博软文在互联网及与之关联的手机 WAP 平台上发出后,短时间内互动性转发就可以抵达微博世界的每一个角落。

3. 便捷性

微博软文营销优于传统推广营销,无须严格审批,可以通过各种连接网络的平台,在任何时间、任何地点即时发布信息,其信息发布速度超过传统纸媒及网络媒体,从而节约了大量的时间和成本。

(二)微博平台软文营销的优势

微博作为在营销方面有着较大和较多使用用户的平台,不仅仅是因为它的门槛较低、成本较低,容易拉近大家之间的距离,适合任何企业去做营销;更是因为微博平台的软文营销覆盖面较宽、传播性强,能够帮助企业在较短的时间内有针对性、专业性地传播信息,实现和用户之间较强的互动性,真正做到了企业和消费者之间的零障碍直接交流,从而产生最有价值的信息,达到营销目的。

微博平台的软文营销在一定程度上是营销范围更广的一种方式,对企业的宣传和营销能起到更好的作用,做到了实时交流和即刻分享,更能展现产品的最新动态。微博软文营销利用微博的影响力,大大提高企业产品的名气、知名度,从而达到销售的目的,效果非常的显著,同时也可以减少投入,这是微博推广所存在的优势。

(三)微博平台软文营销的写作技巧

1. 善用大众热门话题

在更新自己的微博前,先要去搜索一下消费者感兴趣的热门话题是什么,然后将它策划进营销内容,这样可以增加被用户搜索到的概率,达到营销的目的。

2. 内容有连续性

让内容有连载意思是每天推荐一个好产品或热门资讯,每周发布一次活动结果等,让粉丝的活跃度增高。

3. 语言风格生动活泼

在微博中进行软文营销,对语言的要求不高,风格较为活泼就行,要求与网络语言相匹配。因此,可以使用最新、最热门、最流行的词汇引起大家的注意力,以达到营销的目的。

(四)微博平台软文营销的类型

1. 广告式

广告式软文是最直接产品宣传,没有过多的铺垫与包装,是企业的自我宣传。这类软文中清楚明白地介绍产品的功能与效果,将产品的卖点直观地展现在消费者面前。

2. 分享式

分享软文多以用户的口吻写作,以比较真实客观的角度介绍产品及使用心得,以期与消费者产生共鸣,进而吸引更多的潜在客户。

3. 炒作式

这类软文目的是制造噱头,吸引读者的关注,最终提高产品的销售量及网站的点击率。

4. 创意式

这类微博软文具有新鲜、有趣、好玩的特点,看上去不像广告,更像是一则笑话或者是一篇微型小小说。这类软文的关注度非常高,而且网友都乐意转发这种微博。

(五)微博平台软文营销的推广技巧

1. 广告信息巧妙嵌入

在信息不断更新和爆炸的今天,我们几乎无时无刻不在看到五花八门的硬广告,直接发布赤裸裸的产品信息进行营销,这样容易引起消费者的反感。所以,在微博中需要将广告营销做得不露痕迹,要想使营销效果达到更好,就必须尽可能地把广告信息巧妙地嵌入有价值的内容中去。这样能达到更好的营销效果。

2. 借新闻事件的东风

微博借势有时候也能达到意想不到的效果,微博粉丝的多少与阅读率和转载率有着重要的关系,为了不断吸引更多的粉丝,来达到营销目的,必须想方设法提高微博内容的热度,尽量发那些容易引起转发、回复、评论的微博,增加粉丝量和粉丝黏度。

3. 掌握更新的数量的时间段

把握一个数量度,不要一下发很多条微博,这样别人如果关注或者是收听了你,全屏都是你的微博,会产生反感。所以每天坚持发 5~10 篇微博就足够了。

很多失败的微博软文营销案例在于不会选择时间段,从而损失了大量的转发与粉丝,微博可以选择在上网人数相对较多的时间段发布。

综上所述,微博平台的软文营销相比微信营销,广告性会更强一些,顾虑也会更少,但是这并不代表微博就可以直接进行产品的营销与推广,只有做到以上几点,才能在微博的软文营销中做得更好,达到软文营销的最终目的。

三、论坛平台软文营销

论坛软文营销是借助论坛平台,通过文字、图片等方式发布企业的产品和服务信息,从而让潜在消费者和目标消费者了解产品及服务,最终达到企业宣传品牌、加深市场认知度的网络营销目的。

(一)论坛平台软文营销的特点

论坛软文营销是网络营销的手段之一,成功与否关键在于所发布的帖子是否能吸引看帖者,并且让看帖者愿意评论、转发。论坛软文营销之所以能够成为企业重要的营销根据地,不仅是因为论坛细化受众精准性高,各版块有一批黏度较强的忠实受众,有较旺的人气和聚众力;还因为论坛的营销成本较低、见效快、传播广,可信度也较高,且对企业的营销有较强的针对性。

(二)论坛平台软文营销的优势

1. 零成本

论坛平台软文营销是零门槛进入,企业在论坛进行软文营销是完全免费的,同时,用户逛论坛也是零成本零花费的,运用论坛进行软文推广比电视广告、户外广告、报纸广告更省钱。

2. 针对性强

每一个论坛都会有自己的行业特色,也有自己热门的、非常活跃的板块,精准的论坛投放定位有利于受众的收集和转化,在短期内给网站带来可观的流量。

3. 互动性强

论坛软文营销通过调动网民广泛参与讨论,让企业获得市场动态、消费者需求及相关新闻等一手信息,便于调整企业战略、定向广告投放、新的活动发布等。

(三)论坛平台软文营销的写作技巧

1. 抓人眼球的标题

论坛软文的标题必须要吸引眼球,能够让人产生浓厚的阅读兴趣,这样才会吸引人来点击,点击率上升了,软文权重才会提高。

2. 引人入胜的第一段

开头要引人入胜,不能没有新意,否则读者就会丧失阅读的兴趣。软文的开头应将全文最重要的信息集中到一块来写,同时要设置冲突和悬念,让人读了以后,想进一步弄清事实的真相。

3. 鲜明的主题

一篇好的软文一定要具备广泛的传播力,广泛的传播力受文章主题影响。主题鲜明能够针对特定受众精准营销,达到良好的营销效果。

4. 开放式的结尾

结尾给大家留下继续讨论的空间,意犹未尽,让读者自行参与。结尾不能引发议论绝对不是好的论坛软文。

(四)论坛平台软文营销的策略

1. 选择合适的平台

花些时间充分了解论坛,是营销的第一步。论坛软文推广首先要选择有自己产品潜在客户的论坛,可以从一个论坛的总用户数、在线用户数、热门板块的文章浏览量和回帖量等来判断。目标不一定越多越好,过多则难于管理,同时目标论坛也不一定越大越好。最关键的是群要精准。目标论坛确定后,先了解一下论坛的规则、版块划分及用户特点。

2. 不急于发广告

论坛中的软文一定不能太像广告,务必注意其营销的方式,否则会面临被论坛版主删除的危险。论坛软文中不能含有产品或者品牌的关键词,只能等帖子有了一定的浏览量之后才能修改软文内容,使其含有相应的品牌关键词。

3. 多穿"马甲"顶帖、回帖

在论坛中,一个企业至少要注册一个官方账号及多个"马甲"。这样可以在账号被封的时候用另一个替补,而且一些账号之间还可以相互回帖、顶帖,用马甲进行回复、讨论,制造帖子火爆的表象,吸引起大家的兴趣,不断创造话题,为论坛增加点击量。还可以在内容相互矛盾时使用不同的马甲,真正达到营销效果最大化。论坛中软文的内容可以不含品牌的关键词,但是可以在软文下面的评论中用马甲提出含有品牌或者产品名字的问题。

4.长帖分集连载

论坛软文的长度需把握好。一般帖子的篇幅比较长,这样的文章发到论坛会给网友带来极大的心理负担,而且大家的时间都很紧张,没有耐心去阅读。因此,可以采取连载的方式,将长帖分集,以连载的形式发表。连载可以不用主帖,以跟帖的形式连载创作,如每隔几楼放一段,中间夹杂着网友的评论,既能吊起看帖者的胃口,让其更踊跃地顶帖。

四、网店平台软文营销

(一)网店平台软文营销的特点

网店的软文营销是在电子商务网站中描述产品的软文,其销售目的最为直接,也可以写得更"软"。在营销上有一句经典的话,叫"无事件,不营销",故事性的叙述方式通常会达到意想不到的结果。网店软文善于从消费者身上挖掘故事,或者虚构消费者与产品相关的故事,多以故事叙述的方式吸引消费者的兴趣,让消费者对产品产生好奇心,进而产生购买的欲望。

(二)网店平台软文营销的优势

网店平台软文多以店主的口吻,第一人称娓娓道来,非常容易取得消费者的信任。比如小店产品都是店主精心挑选(手工制作),店主在生产产品时的心得与感受,这些文字的出现能够更好地达到软文营销的目的。当然,这些文字最好能够独立成篇,与图文配合,一起展示在网页上,销售率才能不断提高。

五、博客平台软文营销

(一)博客平台软文营销的优势

随着互联网的不断发展,博客的使用频率逐渐被微信、微博等平台不断分解,但还是有对其重视的用户和使用人群。所以博客软文营销就成为企业或个人发布并更新企业或个人信息的场所,在博客中关注并及时回复相关疑问及咨询,可以达到宣传的目的。博客之所以受到众多企业的重视,是因为其有着其他网络营销工具所不具备的稳定性,并且能够在很大程度上帮助企业获得话语权和权威地位以及信息发布的主动性。博客限制较小的特点使得其文章被删除的概率比门户网站小得多。博客文章可以直接植入企业网站链接,增加了用户通过搜索引擎发现企业信息的机会,不但可以大大降低企业成本,还可以为企业带来潜在消费者。

(二)博客平台软文营销的技巧

在博客软文营销的撰写时,在做好文章内容的同时,关键词密度可以植入得大一点。其次是文章必须有一定的价值,具有典型的收藏价值和实用价值的文章,能在某些方面给消费者以一定的思考和建议,可能是经典的、富有哲理的,或者幽默的、搞笑的。这样的文章才能吸引大家的兴趣,引起大家的转载。软文选择适当的圈子和主题发布,内容才能够聚焦。一个热门的博客圈子中的网友可能数以万计,相同的爱好将大家聚集到一个平台,这个时候将文章积极推荐到那些与博客主题相关的圈子中,会最大范围地被阅读和转载。

第四节　软文营销的推广

软文营销是生命力最强、最有技巧性的一种广告形式,同时也是网络时代最受欢迎的营销方式之一。软文推广要想达到较好的效果,离不开软文推广技巧。选择合适的媒体,做好内容的策划、写作等,都是软文推广中必须考虑的问题。只有真正将软文推广技巧和实际情况相结合,才能让软文营销事半功倍。

一、软文营销的推广流程

软文营销是一个完整的流程,它包括调研、策划、撰写、发布和评估。这五个流程环环相扣,缺一不可(图5-1)。

(一)调研

软文营销是营销行为,做市场调研是非常必要的。要实现妙笔生花,一字千金的效果,就必须开展前期调研,运用科学的方法,有目的、有计划地收集、整理、分析有关供求、资源的各种情报、信息、资料。它是把握供求现状和发展趋势,为制定营销策略和企业决策提供正确依据的信息管理活动,是市场预测和经营决策过程中必不可少的组成部分,主要有企业的内部调研和外部调研。

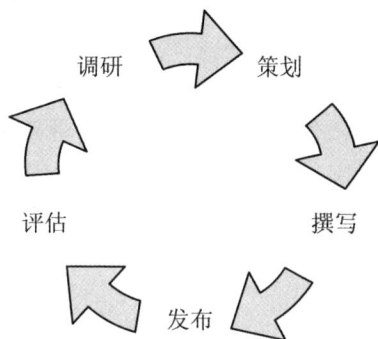

图 5-1 软文营销的推广流程

(二)策划

软文策划分为话题策划和媒体策划。话题策划要根据营销的导向性,准确把握受众的特点来策划话题。软文话题可以包罗万象,多写多想便能策划出好的软文。媒体策划指的是软文传播的媒体策略,也就是媒体选择。要寻找适合投放软文的门户站,每个新闻门户站都有其不同的定位,吸引着不同的用户群体。在选择门户站投放广告时首先应当先综合分析该门户网站的定位、用户群和流量等因素,再与自己的广告投放内容进行匹配。

(三)撰写

策划好话题之后,接下来要做的就是撰写软文,即按照软文策划案编撰软文文案。在撰写中应注意标题的选择,一个具有吸引力的标题是软文营销成功的基础。软文标题就像人的"脸蛋",能否吸引受众的目光就靠它了。但只吸引目光是不够的,还要让受众"动心",并产生想要瞧瞧的欲望。其次,要做好正文布局,围绕软文的中心思想和行动目标,合理地做到论点和论据统一,不能离开主题。开头要有吸引力,正文要有说服力,结尾要有震撼力。

(四)发布

软文发布就是将撰写好的软文发布到目标媒体上。仔细检查完软文之后,接下来要做的就是选择好发布平台和发布时间,要根据产品的特征选择跟产品行业相关的发布平台。

(五)评估

把软文发布到网上并不是终点与目的,对企业来说,最为关注的是营销的效果。软文效果评估是对软文计划、实施及效果进行检查和评价,以判断其是否成功的过程。它能客观地评价软文广告所取得的效益,可以增强企业的信心并更精心地安排软文广告预算,从而促进软文广告业务的发展。

二、软文营销的推广策略

(一)提炼品牌优势

在软文营销中要提炼品牌优势,策划软文写作主题是让软文营销达成事半功倍效果的第一步,也是较为关键的一步。在提炼品牌优势的过程中,提炼并放大品牌的优势是作为品牌宣传中所有宣传软文的核心内容存在的。只有真正了解了品牌的所有优势,才能更好地让软文达到营销的目的。

在策划软文主题时,分析品牌的优势,了解其处于的导入期、推广期、发展期、成熟期,最主要的是了解品牌所要面对的现阶段的人群特点,了解消费者购买的主要心理需求,明白整个市场的导向目标,才能更好地进行产品的软文撰写和软文宣传,达到营销的目的。

(二)确立营销目标

在很多时候,软文的作用就是为了树立企业形象、宣传品牌的优势、进行市场促销、公关维权、行业提升、打击对手、更新企业动态等。只有真正将软文写好,才能使其作用最大化,才能让产品营销真正深入人心。在软文营销的推广中,首先要确立的就是营销目标,在软文的撰写要以中心论点为核心,才能更好地阐述产品营销的主题。论点是营销目标的概括,能突出要表达的核心思想,论据是证明主题正确的资料,是丰富各个段落的主要内容,准备好论点论据,能够更好地帮助软文进行营销推广。

在确定营销目标时,有时候为了更好地达到软文营销的目标,需要软文撰写者策划提纲,也就是需要把马上要撰写的软文进行大致划分,争取达到让软文营销的推广更加有效,达到销售的目的。

(三)写作富有说服力和感染力

软文要想真正达到预期营销效果,就要具备极强的说服力或者感染力。软文营销的撰写用词要符合产品的营销事实,符合当前的社会销售趋势,真正将产品的功能和消费者的购物心理相结合。必须找到潜在消费者真正的需求,用犀利和直指人心的语言,直击消费者最不愿意面对的痛处,争取达到营销的目的。

用词符合趋势就是要软文撰写者在写作的过程中考虑当今消费者的心理和对新兴名词的兴趣度,真正让软文与时代相结合,不断引起大家的兴趣,才能增加文章的搜索率,大大提升阅读率。

(四)排版美观、清晰、统一

整篇文章撰写完成后,软文的编排设计也是很有学问的。文章排版美观,才能符合大部分读者的阅读体验,提高软文的转载率。对字体的装饰比如底纹、阴影、立体等,也要和文章整体的设计风格保持一致。软文编排设计时要严格把握行距和字距的疏密,再配合字体字号一致。只有给消费者营造良好的阅读体验,才能在未来的营销中给消费者以较好的品牌印象。软文的排版美观清晰、布局统一,才能给消费者以良好的阅读体验。

(五)选择合适的发布平台

通过媒体宣传的目的,不只是为了在媒体上露个面,而是要通过媒体辐射到潜在用户。软文的营销效果与其覆盖的传播媒体的数量有关,在进行软文营销时,其覆盖的传播媒体不可过少。在传播媒体中,门户、新闻和行业网站的结合是软文增强传播媒体覆盖的重要方法。软文覆盖的传播媒体过少,会达不到软文预期的营销效果,但是数量也不可太多,以免引起消费者的审美疲劳,产生反感情绪。因此,选择适合软文推广的传播媒体,多用正确的方式进行宣传营销,才会达到事半功倍的效果。

(六)找准受众口味

大多数人觉得写软文无非就是做广告、做宣传,因此写出来的文章广告色彩太重,成了硬广告,失去了软文的“软”味,令读者反感,这样反而吓跑了客户。要结合自己的产品和对市场的调查来确定受众目标,针对这一群体来认真挖掘,才能让读者有归属感并引起他们的共鸣,抓住消费者的口味才能抓住未来。

第六章　整合营销传播

对于一个公司来说,市场营销优先考虑的是如何赢得顾客。正如管理咨询顾问彼得·德鲁克(Peter Drucker)阐明的,当公司赢得顾客,公司就能够销售产品,获取利润。按照德鲁克所说,比起集中的、个别的销售交易,建立顾客关系就意味着一系列的个人与企业之间多次的长期的相互作用,比仅仅注重销售交易要产生更多的销售和利润。因此,系统化成为整合营销传播管理的一项重要任务。本章集中论述了整合营销传播的审视与发展、工作流程和整合营销传播战略。

第一节　整合营销传播的审视与发展

一、整合营销传播概述

(一)整合营销传播的概念

随着人们对顾客和利益相关者关系越来越重视,学者和专家们为组织从以公司为中心转变成以顾客为中心的过程提出了一系列概念:除了整合营销传播,还有客户关系管理(CRM)、一对一营销、整合营销、品牌传播策略和关系营销等。虽然每个概念都有自己的内涵,但所有的方法都是基于一个目的而设计——增加公司品牌价值,使组织获益,建设、维持和发展顾客关系。"增加"顾客意味着鼓励顾客在众多的产品种类中,购买更多的公司品牌产品。

整合营销传播是管理顾客关系的第一道程序,它的运用最为广泛。整合营销传播和其他的以顾客为中心的营销的不同之处在于,它的基础是传播,传播是所有关系的核心。

整合营销传播是一个循环过程(如图 6-1 所示),不是一个直线过程。建设、维持和发展顾客关系没有起点和终点(除非是介绍一个新的品牌)。

它的目的是全面地解释、说明如何实施整合营销传播。这个模型为你下面将要读到的内容提供了一个纲要。因此,重要的是要扔掉过去认为整合营销传播只是一个用销售、利润、品牌权益来创造品牌价值的循环过程的观念。

IMC 程序模型

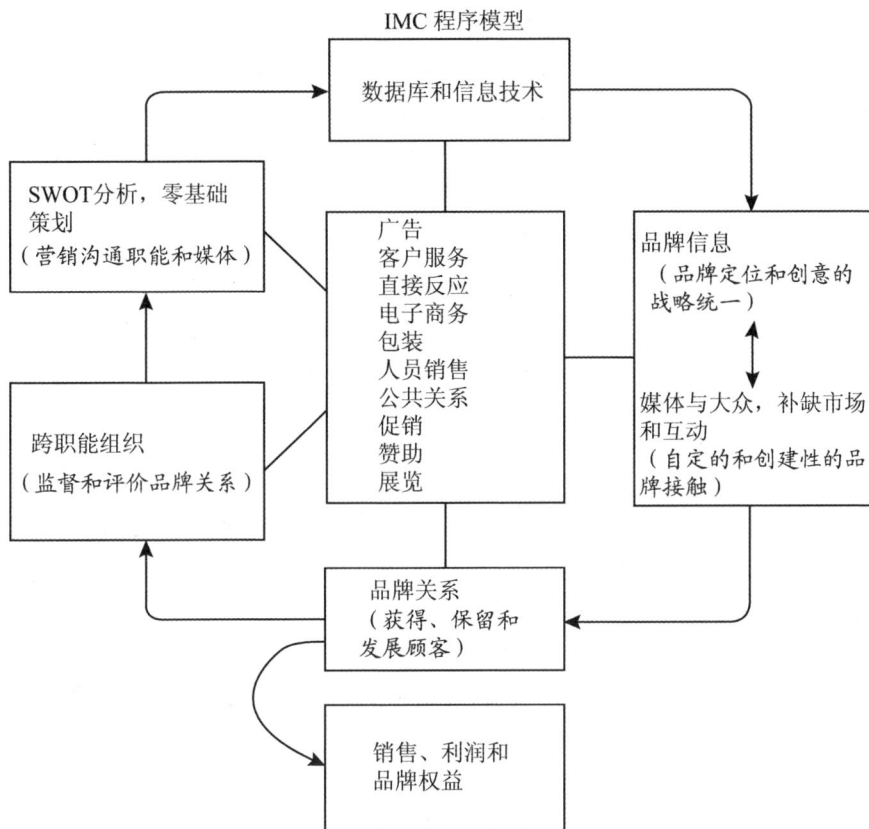

图 6-1　整合营销传播的循环过程

简单地说,整合营销传播是一个提高品牌价值、管理顾客关系的过程。更加具体点,就是通过战略性的控制或影响相关团体所接受到的信息,鼓励数据发展导向,有目的地和它们进行对话,从而创造并培养与顾客和其他利益相关者之间可获利关系的一个跨职能的过程。

(二)整合营销传播的要素

为了确保目标明确,让我们来分析它的主要因素。

(1)跨职能过程是指公司中所有可能接触到顾客的主要部门(和外部传播机构),必须在计划和监督品牌关系方面加强通力合作。正如在 AirTran

案例中所看到的,顾客不仅仅受营销传播信息影响。一个跨职能过程涵盖公司内不同部门以及为同一品牌服务的外部机构的管理人员,计划和管理公司公布给现有顾客、潜在顾客和其他股东的信息,以及从他们那里接受到的所有信息。

（2）创造和培养与利益相关者的关系是指吸引新的顾客,找到与他们沟通的新方式,让公司进一步满足顾客的需求。顾客和其他利益相关者越感到满足,他们越会回报给公司更多的生意和支持。培养不仅仅指留住顾客和其他利益相关者,还指增加他们对公司产品的购买行为和支持。每个利益相关的团体通过不同的方式影响着公司:员工可以更加努力工作,生产更多产品或罢工;一个地方政府机构可以降低公司的税率,或通过法律条款（例如严格的禁止污染条款）使公司花费更多的运作成本;投资者可以持有或购买公司股票,或卖掉他们拥有的公司股票。当然,顾客可以选择购买公司的产品,或不购买公司的产品。

（3）可获利的顾客关系是具体的,因为并不是所有的关系对公司都有着相同的价值。有些顾客,由于他们购买的产品数量、种类和他们所要求的服务,能够比其他人让公司获利更多。例如,一个在银行里开设了支票账户、抵押贷款和储蓄账户的顾客,比只开设支票账户的顾客能产生更多的利润。整合营销传播确认获利更多的顾客,并把大多数的营销工作重点放在维持与这些顾客的关系上。

前文提到的,卖产品给老顾客的成本要小于获得新顾客的成本。显然这两方面的工作都要做,但是过去,公司几乎把所有的努力都花在获得新顾客上,同时认为老顾客会继续购买公司产品是自然而然的事情。当竞争品牌之间物质上的差异越来越小时,公司除了改变产品本身,还需要寻找其他方法来增加产品的价值。而顾客关系本身就具有价值。

（4）战略性地控制和影响所有信息是指认识到公司所做的每件事都是在传达有关信息——产品是如何生产的,产品功能如何,如何定价,通过何种渠道向顾客提供服务和出售产品。换句话说,营销组合的所有方面都在传递信息,所有信息需要战略性地控制或影响。

战略性地控制和影响品牌信息是指计划和监督信息以确保这些信息意义连贯,不互相矛盾。例如,公司声明它的洗衣粉能让衣服更干净,但是低于同类产品的价格却传递了相反的信息。如果这种洗衣粉真的去污力强,那么成为同种产品中最便宜的洗衣粉是没有道理的。因为拥有最低的价格并不代表"最好的性能"。

（5）鼓励有目的地对话是意识到顾客厌恶打搅他们的电话营销、垃圾邮件、商业广告、事件的过分商业化。他们没有耐心和公司谈话。顾客希望能够在他们觉得需要或方便的时候,和公司接触、进行讨论。有效沟通,换句话说,是各种关系的核心。

二、整合营销传播的发展

(一)整合营销传播在国际上的发展

1. 理论上的发展

1981 年,美国人特伦斯·A. 辛普首次提出了整合营销沟通的概念,即公司所面对的一个基本问题是决定究竟如何在各种营销沟通手段之间分配资源,这些手段包括人员销售、广告、促销及其他沟通要素。1989 年,美国广告代理商协会(American Association of Advertising Agencies,4A)促进了整合营销传播的研究和发展。

1993 年,第一部整合营销传播著作《整合营销》出版,这部著作是由唐·舒尔茨、斯坦利·田纳本以及罗伯特·劳特朋三人合作写成的。该书标志着一个崭新的学科开始确立。此外,菲利普·科特勒在其《营销管理》一书中,特别用几个章节阐述整合营销传播。著名广告和品牌专家 Rejeev Batra 以及 David Aake 在他们的广告著作中,也专门叙述整合营销传播。乔治·贝尔齐和迈克尔·贝尔齐一起合作出版了《广告与促销:整合营销传播展望》,这本书的出版受到了普遍重视。

2000 年,美国科罗拉多大学整合营销传播研究所创办人汤姆·邓肯出版了著作《品牌至尊——利用整合营销传播创造终极价值》,在整合营销传播中强调了树立品牌、建立长期获利的品牌关系以及提升品牌价值的意义,被唐·舒尔茨教授评论为整合营销传播的新发展。

2002 年,唐·舒尔茨教授等人提出了“互动式整合营销传播”的新概念。

2003 年,唐·舒尔茨和威斯康新大学的 James W. Peltier、内华达大学的 John A. Schibrowsky 三位教授通过模型和案例系统阐述了“互动式整合营销传播”的概念,提出在网络媒体新媒体不断涌现的现实背景下,企业要重视利用电子技术、网络技术收集个体消费者的信息,强调要运用先进的网络数字技术建立数据库,与消费者建立互动沟通关系,以便更好地调整营销传播策略来满足消费者的需求。这一理论又进一步完善了整合营销传播理念,代表了整合营销传播理论研究的最新成果。它赋予了整合营销传播理念新的时代特色,并且保证了整合营销传播理念能适用于数字时代的营销策划。

2. 应用上的发展

如今,整合营销受到越来越多企业的青睐,是企业进行自身推广的首选方式。在美欧各国企业的市场推广与品牌传播计划中,加大了网络搜索与电子商务等多种新营销元素。

随着互联网的普及,人们获取产品信息的渠道依靠小规模的广告投放已经难以产生实效,无论是美国总统大选、跨国大企业、知名品牌,还是处于成长与创业阶段的中小企业,无不苦苦寻觅新的营销手段与传播道路。

全球整合营销传播创始人唐·舒尔茨教授认为,在互联网各类应用的冲击下,网络整合营销传播目前正由网络广告、新闻营销、互动营销社区营销、口碑营销的第一阶段,向借助搜索引擎营销、关键词营销、电子商务、移动互联网的第二阶段过渡。

(二)整合营销传播研究在我国的发展

1. 整合营销传播理念的引入

在国际营销、广告界,关于"整合营销传播"的提法和理论,随着 1993 年美国西北大学唐·舒尔茨教授的著作《整合营销传播》的出版而得到广泛的认同、响应并且流行起来。国内对该理论的完整介绍是在 1996 年,由广州中山大学卢泰宏教授等在《国际广告》上作了系统评述。卢泰宏是中山大学国际营销学教授,中国营销研究中心(CMC)主任。菲利普·科特勒国际营销理论贡献奖中国首位获奖者。他率先将整合营销传播理念引入中国,现在,"整合营销传播"这个词已成了营销广告学的关键术语。

2. 整合营销传播在我国的成长历史

整合营销传播是一门新兴的理论,在我国已有十年的历史。在对整合营销传播理论的研究上,我国学者除了翻译一些外国知名学者的著作外,还出版发行了关于整合营销理论方面的书籍。国内学者对整合营销传播的含义、特性、产生的背景、理论基础、实施方案、实施难点以及整合营销传播理论发展的阶段都进行了详尽的介绍。

在《整合营销传播:blowing in the wind》一文中,作者刘威在综述国内外对整合营销传播的理解基础上,对整合营销传播进行了再定义:"整合营销传播是将品牌识别通过双向沟通的方式进入受众心中形成品牌形象、累积品牌资产的关键战略性战术。它的战术性表现在针对不同的顾客群以数据库营销为核心协调使用各种传播工具传达一致的品牌信息。它的战略性表现在受众的广泛性(不仅包括顾客,也包括其他利益群体)、业务的跨越性(不仅针对单一产品,也包括产品群)、层次的复杂性(从传播、营销到品牌、战备的整合)和公司的品牌化(单纯品牌管理部门是不够的,更需要所有部门全部人员的参与)"并且对整合营销传播理解的五大误区进行了总结。

广州中山大学传播与设计学院吴柏林根据整合营销传播在不同发展阶段的不同表现形式,把整合营销传播划分为七个层次:认知的整合形象的整合、功能的整合、协调的整合、基于消费者的整合、基于风险共担者的整合和关系管理的整合。其中认知的整合为第一阶段,关系管理的整合被认为是整合营销的最高阶段。另外,他还在对整合营销传播发展阶段层次理解的基础上,对整合营销传播的一般方法进行了详细论述。

第二节　整合营销的传播流程

要想成功实施整合营销传播,必须遵循科学的决策步骤。对于如何实施整合营销传播,不同的学者因观察角度和实践立场不同,认识也有所不同。比如,整合营销传播之父唐·舒尔茨教授,在 2005 年的时候提出了整合营销传播实施的五大步骤。后来的整合营销传播大师汤姆·邓肯教授则归纳出整合营销传播实施的六个步骤,而我国的整合营销传播领域的专家学者,往往认为整合营销传播的实施应该包括七个步骤。

我国与国外整合营销传播专家学者的研究成果有很多共同之处。整合营销传播的流程,可以按照以下环节展开。

一、分析机会,建立数据库,掌握消费者特征

(一)分析市场机会

开展整合营销传播,首先要分析市场机会,可以运用 PEST 四要素法来分析开展整合营销传播的宏观环境,运用 SWOT 分析法来分析推行整合营销传播市场环境与行业影响因素。

所谓 PEST(Political Economic Social Technological)四要素分析法:P(Poliical)指的是政治环境因素,即某一产业的政治性、政府监管的方式、法律法规的建设、相关政策的稳定性等;E(Economic)指的是经济环境因素,包括一个国家的经济体制、经济政策、产业结构、收入结构、消费结构等

方面,宏观的经济环境,将从整体上决定某一产业的发展程度;S(Socia)指的是社会环境因素,包括社会结构,社会阶层,文化、亚文化、价值观,人口特征等;T(Technological)指的是科学技术环境因素,包括科技体制、科技政策、科技发展趋势等。

SWOT分析法的具体内容:优势(Strengths),劣势(Weaknesses)、机会(Opportunitie)、威胁(Threat)。其中,优势(Strengths)与劣势(Weaknesses)属于内部因素,是指企业内部可控制的因素,比如企业的资源,特点等;机会(Opportunities)、威胁(Threats)则属于外部因素的范畴,是指那些公司很少能够控制,或者根本无法控制的因素,包括竞争活动、法律规则、技术创新、行业影响、社会经济环境和市场环境变化等。对威胁(Threats)的分析,一般要研究以下几个方面的内容,即同行业竞争者的威胁、新竞争者的威胁、替代产品的威胁、购买者讨价还价能力加强的威胁以及供应商讨价还价能力加强的威胁。

需要注意的是,不仅要分析企业的优势劣势、机会威胁,还应该排列SWOT的优先次序。如果某个劣势或威胁没得到处理而对品牌关系和品牌资产带来实际损失;如果某个优势和机会被利用而获得实际收益;处理和利用每个SWOT因素的成本;公司用于处理和利用每个SWOT因素的时间,如图6-2所示。

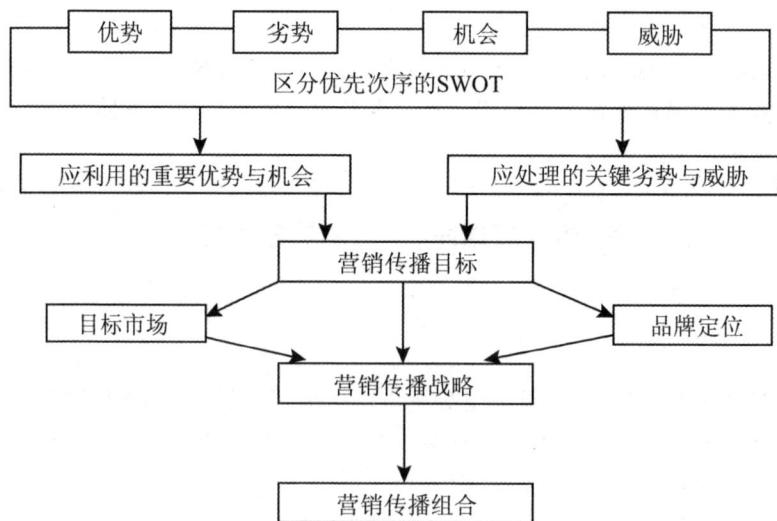

图6-2 基于SWOT分析的活动计划

(二)建立数据

消费者资料库的建立,是企业进行整合营销传播策划的首要任务,也是成功运行营销策略的科学依托。企业进行整合营销传播的天然优势,在于这种新兴的出版形式具有先进的数字技术平台,通过强大的技术平台支撑,企业可以掌握消费者的种种资料,例如,一些基本的人口统计资料、心理统计资料;同时,通过技术平台,对消费者以往购买记录等数据进行统计分析,可以得出消费者的兴趣偏好与购买倾向。这些是企业的无形资产,也是企业进行整合营销传播的基本条件和核心,只有这样才能分析消费者的心理特点和行为特征,确定目标消费群体,评估消费者价值,进而针对现有和潜在消费者发展沟通策略,整合沟通信息和各种传播工具,对消费者进行有效的传播。

对于如何建立消费者资料数据库,我们将做以下分析。

1. 建立内部系统,识别消费者

包括:确定需要什么信息;确定可获得的信息;进行外部市场调查(电话访谈法人员面访法、邮寄问卷调查法、在线访问法等);建立情报信息中心。

2. 解决消费者信息缺乏的难题

可以从以下几个方面着手工作。

(1)向市场调研公司购买资料。例如,可以向艾瑞咨询公司购买所需要的行业资料;也可以求助于易拜资讯进行消费者数据库的建立和维护。

(2)利用报刊和互联网收集资料。

(3)从保修卡、服务卡及会员卡中获取资料。

(4)从交易记录中获取客户资料。

除了上述几个方面,其实从企业内部一样可以得到很多有价值的信息,比如,市场营销部门可以提供终端用户的资料、客户服务部门可以提供客户的反馈数据、销售部门可以提供客户渠道数据等。

当今信息时代,由于互联网的普及,让很多青少年都过于依赖网络,甚至把网络当成唯一的信息来源,单纯地依赖搜索引擎获取信息,放弃了其他诸多的渠道,造成了搜索引起综合征的同时,也使得信息的获取面相对狭窄。这一社会现象已经引起了专家学者的广泛重视。

据调查,从 2007 年 9 月开始,中国网民每月的搜索请求超过 100 亿次。搜索引擎已覆盖了超过 96% 的中国网民。有将近 80% 的用户年龄段分布在 18～40 岁。其中"80 后"所在的用户群组所占比例最高,已经达到

37.84％。这些网民"不搜索不出门,不搜索不成文",患上了"搜索引擎综合征"。调查显示,当第一次得不到满意结果时,有 57.4％的用户会采用"更换关键词"的方法重新搜索;有 54.4％的用户会采用"增加或减少关键词"的方法重新搜索,而因为一次失败就放弃搜索的仅有 19.6％。搜索引擎的"三不"境界:不记忆任何资料,不思考任何问题,不撰写任何文案。记忆力、思考力、沟通力可能在看似便捷的搜索过程中趋于下降。

(三)实施数据库营销

消费者数据库是现代营销的起点与保证。数据库营销在欧美广泛应用,在中国也迅速发展起来。数据库营销一般包括:定向直邮(DirectMail,DM);电子邮件营销(EmailDM,EDM);网络传真营销(E-Fax);短消息服务(Short Message Server,SMS)等。

数据库营销具备以下特点:提供直接可控的、个性化的服务;竞争隐蔽化;沟通渠道多样化;成本最小化,效果最大化;科技含量高。

数据库营销现在已经被越来越多的企业所重视和应用。比如,麦当劳在德国曾经邀请客户利用手机来省钱,即客户发送短信申请,注册用户每两周会收到餐厅发送的手机优惠券。该优惠券嵌入一个二维码,通过店内扫描仪器就可实现兑换。自 2007 年 7 月推出此营销方式以来,有超过万人在麦当劳使用该服务。在德国试点地区首次尝试的手机优惠券营销,使麦当劳品牌取得回报率高达 29％!

与之类似的是,我们都曾收到来自中国移动的系统短信:"尊敬的手机报用户,感谢您支持中国移动手机报业务,中国移动为您精心准备了麦当劳电子优惠券,您可凭借此二维码彩信,到大连地区的麦当劳餐厅享受以下……由此可见,越来越多的企业开始注重对消费者数据资料的收集和应用。

二、确定营销传播目标

进行整合营销传播要达到的总体目标:与消费者和相关利益人建立互惠关系。在这个总体目标下,可以细分出以下目标:沟通目标(注重态度)和营销目标(注重行为);还可以从时间的角度划分为长远目标和短期目标。

发展的不同阶段有着不同的营销目标,需要特别注意的是,即便是在同一个阶段,整合的核心目标也只能为一个。过多的整合核心目标不但会使整合营销传播的战略不明晰,而且还会降低整体的营销效果,更会使下属部门和员工感到无所适从。若营销目标不明确,只能使企业的整合营销传播活动一败涂地,特别是处于信息爆炸的数字时代,同时传递过多的信息未必能带来预期的效果,相反还会减弱传递单一信息的效果。明确单一的整合营销目标,使消费者对其传播信息印象十分深刻才是一个明智的选择。

当然,长远营销目标和短期营销目标,对整合营销范围的界定也有所不同。企业整合营销范围包括对企业内部沟通,例如,领导决策者之间、各部门员工之间的交流;对外部沟通,例如,企业与政府机构、投资商与媒体之间的交流合作等,企业需要结合自身制定的短期目标和长期目标,根据当前营销的重点来适当地缩小或者扩大营销传播范围。

要达到假定的沟通和行为目标,难易程度差距非常大,消费者容易受到影响而产生注意、兴趣或者是期望,但是要最后采取行动,往往比较困难。因此,我们看到营销传播在达到沟通目标和营销目标的时候是有所差异的,一个企业进行整合营销传播的时候要明确自己到底想获得的是增强沟通的目标,还是引发消费者行为的目标。

确定营销传播的目标之后,我们还需要测试营销传播目标。对整合营销传播的目标进行测试,可以运用以下方法。

(1)确定的(Specifc)。企业的整合营销传播目标必须是确定的,只有目标明确,才能更好地展开工作。比如,明确企业要实现的是沟通目标还是注重消费者行为改变的营销目标。

(2)可测量(Measurable)。目标必须是确定的,只有明确了目标,才能够对它进行科学的测量评估。不要设定假大空的目标,做好做坏根本无从测评。

(3)可达到(Achievable)。企业进行整合营销传播,树立的目标必须是可以达到的,不能为自己树立一个遥不可及或者高不可攀的不切实际的目标,这样不仅浪费了人力、物力,也会打击内部员工的工作积极性。

(4)有挑战性(Challenging)。企业树立的整合营销传播的目标应该是可以达到的,但是也要避免目标过于简单,没有挑战性,以免让企业员工产生懈息的情绪。

三、制定不同营销传播手段的整合运用策略

企业要根据自身的经济实力产品的生命周期、行业状况、传播对象以及企业的营销目标来制定切合实际的营销传播策略,同时,还要依据公司的营销目标和公司的特点选择适当的传播渠道,做有针对性地传播。目前被视为有效的传播手段包括:广告营销、概念营销、合作营销、直复营销、事件营销、体育营销、会展营销、关系营销、情感营销、体验营销等。

四、制定传播预算

计划的普遍障碍就是你永远不可能有足够大的预算完成需要做的每一件事。因此 SWOT 分析的结果会得到重视。营销和营销传播计划人员需要将其资源运用到需要处理或利用的最重要的事情上。

营销和营销传播部门及其活动在一段确定的时间内被分配了确定数量的资金,简言之,就是预算。营销部门在争取公司的总预算时是在和其他所有的部门开展竞争(财务、生产、人力资源部等)。然后,营销传播及其不同功能的小组之间不得不相互竞争,争取这些预算以实施各自的计划。

一般公司的预算过程都是从询问每个部门需要多少钱才能达到他们的目标开始。预算之所以难就在于营销部门要事先预测他们的收益率是很困难的。因为最终的结果要受很多变数的影响,如竞争对手不断更换他们的赠品和促销品,消费者的需求和欲望也在不断改变等。

大多数公司意识到不可能预测未来,便采用了一种组合方法——销售百分比法、目标和任务法、各类产品支出份额及投资收益率(ROI)法——来决定他们所需预算。

(一)销售百分比法

这个方法运用两个变量——来年的销售额预测值和在该预测值基础上的任意一个百分比。大多数公司,每年从销售额中拿出来花在营销传播上的百分比基本不变。不幸的是,许多公司每年也使用相同的成本分配方案。例如,如果营销传播预算费用的 50% 在上年用在大众传媒广告上,而这也正是下一年他们所要做的分配额度。不难想象不考虑市场的变化仅仅重复上年的开支组合是最简单的,但往往不是最明智的预算方法。高明的做法是分析上年的预算有多大产出然后尽可能明确该产出是哪些营销传播功能和媒体的贡献。根据分析完成特定目标所需成本得出的结论是决定下一个营销传播预算的重要参考。

(二)目标任务法

这个方法始于决定营销传播目标的零起点计划以及实现每个目标需要完成哪些"任务"。然后估算一下每个任务需要多少成本。例如,如果目标是增长 10% 的消费者保持率,并确定最具成本效率的做法是向每位顾客赠送一个新年"感谢"果品篮,那么这个成本就很容易估计。如果过去运用过这样或类似于这样的计划,并且公司保存了这些计划及其对结果的记录,就能更精确地估计这些成本了。

另一个能获得利用特定计划达到特定目标所需成本的有效资料的来源是营销传播代理。他们频繁地使用对其他公司用过的相似计划因而可以了解其成本与结果(必须记住的是代理们热衷于出售他们的计划,因而有时有选择地告诉客户更积极的结果)。

(三)各类产品支出份额法

制定预算的第三个主要方法是决定某品牌在当前支出占该类产品营销的总支出的份额。例如,广告代理会谈论发言权份额,即某一品牌在该类产品媒体总支出中所占份额。比如,一年花费在电池产品上的媒体总开支为3亿美元,而品牌金霸王的开支为1亿美元,那么品牌金霸王的发言权份额就为33%。发言权份额被认为是这一品牌的市场份额。如果金霸王的市场份额为45%,那大多数的广告代理都会认为该品牌花费太少。如果存在这样的分歧,金霸王的营销经理将会据理力争更多的预算。这里我们假设许多营销人员都认为各类产品支出份额应该相当接近某一品牌的市场份额。如果一个品牌希望能显著地增加市场份额时,那它就必须准备好增加其支出份额,因为那样才能使市场份额增加。

(四)投资回报率法

最后一个主要方法就是估计营销传播的投资收益率。高层管理人员的主要职责就是使投资收益最大化。一个部门越是能达到高水平的回报,他们就越有可能申请到理想的预算。编制预算也是一个高度行政化的过程,一个部拥有越多的行政权力,也就越可能得到理想的预算。因此,内部营销也很重要。营销部的业绩为更多的公司其他成员所知,它所得到的行政支持也就越多。

在营销和营销传播的案例中,ROI是由边际分析决定的,所谓边际分析是研究销售投入和利润的比例。例如,如果枫叶糖浆生产商能把每箱产品开支控制在2.50美元之内,同时又增加销售,这是多么棒的事啊。不过,如果这个品牌发现为增加销售每箱的开支大于预算,那么额外的花费会抵消利润,这通常不是个好的投资。

聘请不同的代理来执行营销传播各个功能的大公司有时会让这些代理竞争他们在营销传播预算中的份额。为实现规定目标,代理商提出的方案越有创造性和有效性,他们就越能得到用来实现这些目标的预算份额。

由科罗拉多大学和西北大学共同研究整合营销的结果显示,实行整合营销传播的过程中最大的障碍就是自我主义和内部的互相倾轧。因为许多管理者和执行官的工资取决于他们员工和预算的规模,所以他们自然会尽可能争取最多的员工和预算。因而,重新分配营销传播资金以达到最佳状态的决定,通常会受到来自那些得由个人承受亏损的执行官们的阻碍。为克服这些障碍,公司和代理们应该设计奖惩制度使得那些预算暂时下降的人们将不会受到处罚。

五、做好效果评估

评估计划的效率的依据是其结果是否达到了目标。因此,一家公司应在可衡量的范围内清楚地说明其目标,并确定达到每个目标的时间表。

公司能从公司和行业报告中收集到销售反馈影响,并且能够调查知名度或感知度有没有发生变化。整合营销评估也必须包括除一般销售量、份额和知名度衡量之外的关系强度。销售量和份额都是历史数据,而关系强度是未来销售的预测。

整合营销传播不同于传统营销传播之处是强调不断的反馈。现在,对于跨职能小组做决策而言共享信息是非常关键的。这就是说公司必须有与顾客联系的新方法,特别是从一线员工那里得到的与顾客联络的新方法。例如,24 小时邮递公司联邦快递跟踪考核每天发送的绩效指标。此外,它还考核所有地区每月的指标,包括公共关系和每季度开设一次的在线员工调查。经理和员工讨论其结果,并对调查信息作出及时反应,不管这个变化需要与否。资深经理也被要求每年花上几天时间在特定的销售区域与消费者和销售、营销工作的一线队伍近距离接触。不断的反馈过程帮助公司发展成一个学习型组织。

第三节 整合营销传播实施的战略

社会已经开始进入知识经济时代。全球经济一体化进程的加快使现代企业面临着空前的市场竞争压力。市场营销正经历着深刻的变革。整合营销作为 21 世纪的一种新兴的营销方法正深刻地影响着现代营销的各个过程。实践证明,如何进行整合营销传播方案策划,如何实施整合营销传播是整合营销传播成功的基础。

一、整合营销需要整合的基本要素

现代企业在进行整合营销时,首先要做好一定的基础工作,对一些基本要素进行有机整合。

(一)建立程序化和标准化

在整合营销中,必然会涉及企业各方面资源整合,要使整合的资源有序、有效,必须要建立程序和标准。没有程序和标准的资源整合,往往会使企业的整合营销陷入一片混乱。对于大型企业、跨国企业尤其重要。因为大型企业,跨国企业开展的是跨地区、跨国界和跨业务的经营活动,要使这些经营活动有条不紊,达到预期的目标,必须要有统一的工作程序和标准。如果这些企业在生产、物流、营销、传播等方面没有程序化和标准化,就很难取得整合营销的成功。现代企业在整合营销传播中最有效的方法就是拥有上下左右、四面八方的程序化和标准化沟通渠道。传播的程序化和标准化必须以传播的目标为指向,以传播的效益为核心,以企业人员与企业目标消费公众信息互动为平台。程序化和标准化的较好方法是制作一个整合营销的工作流程图,规范好整合营销的每一步。做什么、怎么做、什么时间做、达到什么要求、如何检查和评估等在这个流程图中一目了然。

为了建立一个比较完善的整合营销传播标准化和程序化的平台,企业有必要对现有的传播程序和标准进行调查分析和评估。在继承、发扬、创新的思想指导下更新原来的传播程序和标准,必须要搞清楚以下几点。

(1)什么是传播的最大障碍。

(2)本企业的整合营销需要的是什么样的传播创新。

以上第一点是发现过去传播模式中的问题,并加以改进和完善。以上第二点是对新的传播模式的要求。发现问题,解决问题,明确新的要求、新的任务,这些都为整合营销的成功奠定了基础。

(二)一切以消费者的需求为导向

整合营销始于消费者,终于消费者,一切以消费者的需求为导向。现代企业必须要清楚消费者想说什么、想要什么、要做什么、他们的兴趣何在,这些信息对于企业来说是最最重要的。因为,企业只能根据消费者的需求去设计产品、生产产品、传播产品信息和销售产品。整合营销要求现代企业将消费者的需求放在企业经营的中心位置上。这种方法一反传统的营销,传统的营销是企业有什么产品、产品销售给谁、信息应以何种形式到达什么地方等。这种传统的营销传播模式实际上就是由内向外的传播模式,它是以企业为中心的传播。而始于消费者终于消费者需求的整合营销是一种由外向内,再由内向外的传播,是一种以消费者为中心的营销。

(三)全面认识消费者和潜在消费者的价值

消费者和潜在消费者是创造现代企业价值的基础,也是现代企业取得营销成功的基础,所以,客观地认识消费者和潜在消费者的想法,探索寻找他们的途径,以及对他们进行价值的评估,这些在整合营销中都是必需的。通常,企业对消费者的评估是基于他们过去给企业带来的实际收益,以及他们未来的消费潜力。企业评估潜在消费者的依据是:他们在未来的一定时间内能给企业带来多少收益,就此而言,消费者和潜在消费者是企业的一笔巨大的无形资产。在整合营销中,企业的任务是要经营好、统筹协调好这些资产,通过各种传播和沟通的途径,使这些消费群体能够给企业带来最大化的社会效益和经济效益。毫无疑问,现代企业在进行整合营销时,要将企业的资源适当地向这部分市场目标群体集中,达到资源最优化的配置,目的是在维持现有的收入流的基础上,再增加新的收入流。简而言之,企业在整合营销时,必须要将传播资源投放于那些最有可能作出最大支付的消费者和潜在消费者的身上。为了达到投资的最小化和收益的最大化的结果,现代企业必须要对消费者和潜在消费者进行客观、全面地评估。如果企业不能对他们进行客观、全面地评估,企业就无法预期传播投入可能会带来的回报。不言而喻,对消费者和潜在消费者价值的评估越仔细、越精确,传播投资的风险就会越小。对消费者和潜在消费者分析评估的精确程度取决于现代企业运用信息技术的能力。

(四)寻找整合传播的切入口

寻找整合营销传播的切入点对整合营销的成功十分重要。在市场竞争十分激烈、市场空间十分有限的情况下,以何种方式、何种途径去接触消费者和潜在消费者具有一定的现实意义。事实告诉企业,企业想怎么去接触消费者和潜在消费者不是最重要,最重要的是消费者喜欢企业用什么样的方法和途径去接触他们、联系他们。整合营销传播的切入点应该放在企业目标消费群体所喜、所欲、所为的方法和途径上。当今市场,消费者与产品和服务会相互影响,消费者与有关企业也会相互影响。这种相互影响的渠道和方法是各式各样的,但在某一点上有可能成为传播的切入口。如有些消费者喜欢倾听企业客户的介绍,那么企业就应以忠诚客户的介绍作为传播的切入点,然后再进行全方位的整合传播。再如有些消费者是品牌的崇尚者,那么企业就要以品牌宣传作为传播的切入点,以此展开整合营销传播。

（五）建立交互的信息反馈系统

传统营销一般是由企业或传播机构拟定宣传主题，根据宣传主题制作宣传材料，然后制定传播方案和实施传播方案。这种传统的营销传播模式也会注意消费者和潜在消费者的信息需求。但在大多数情况下，传统营销传播模式的消费者只是被动地接受信息，很少有主动反馈，而企业的营销人员在听取消费者反馈意见方面也是非常有限的。换句话说，反馈的渠道不是十分畅通的。显然，这种单向的传播模式很难适应整合营销的需求。21 世纪，随着市场的拓展，现代企业必须要建立双向交互式的营销传播模式，能随时随地与企业的主要消费群体进行实时、实地的交流沟通。这种交互式的传播不是一个方面的，而是一个系统一整个传播系统。

（六）重视投入与产出的关系

整合营销要求企业要将传播投入作为一种实实在在的投资行为。要将传播投入与营销业绩结合起来，以营销的业绩作为财务支出的回报。在整合营销中，要按花在消费者身上的传播投资与营销收益作为评估的基础。尽管衡量营销传播投资收益很难，主要难点集中在营销目标设定的精确性上。目标精确性越高，评估的精确性也就越高，反之亦然。但即使困难再大，传播的投入与产出的研究和评估也必须进行，而且必须竭尽全力进行。

（七）进行差异化传播

传统的市场营销是以 4P（或有些专家称为 6P 的）市场组合去应付市场的变化。在传统的营销模式中，企业的主要任务是控制 4P 中的各个要素，以形成最佳的市场组合。这是一种以企业为中心的营销理念，它应对的是相对稳定、相对统一的市场。

然而，在 21 世纪，市场的发展日新月异，社会需求的变化层出不穷。面对多变的市场、多变的消费需求、复合的渠道、复合的媒介，现代企业必须针对不同的消费群体采取差异化的传播。因此，企业在进行整合营销时，首先要认清企业所处的市场环境，要根据市场的实际制定有针对性的传播方案。其次要认清特定市场、特定消费者的各方面情况。要根据这些情况制定传播目标，实施传播方案。再次要认清特定市场有关媒介的情况，以及这些媒介对目标消费群体的影响力。要根据这些媒介实际情况，选择恰当的传播渠道。最后要认清特定市场的主流意识，以及企业目标消费群体的文化价值认同。要根据这些情况选择赞助项目和开展公共关系活动，重视体育的可以开展体育营销，重视教育的可以实施教育培训项目等。

差异化传播的差异点的确定来源于市场,它包括复合市场、复合客户、复合渠道、复合媒介等差异。具体地说它包括:语言、文化、习俗、目标消费群体的购买行为、教育程度、媒体性质等。

在今天的社会里,将消费者看成是同质的,以相同的兴趣购买相同的产品,适合相同的文化的思维方法,对企业的整合营销是绝对有害的。只有差异化的思维才能使现代企业在进行整合营销传播时更能适应市场、适应消费者。

二、整合营销的细节

整合营销是以"消费者为导向"的营销。整合营销成功的基础是企业内部和外部各种管理要素的有机整合。当然,这种整合绝不是简单的归并或简单的相加或相减,这种整合必须是整体效益"1+1大于2"的整合。为了达到这种整合营销的效益,必须要注意以下几个细节:

(一)形成共识

整合营销的合力在于企业上下对于整合营销的认识,特别是企业领导层要形成思想的统一。领导层的思想统一就能为企业中层和基层人员的思想统一奠定了基础。必须客观地认识到,不管何种整合,不存在皆大欢喜的情况,在一定程度上肯定存在利益再分配的问题,肯定存在长远利益和眼前利益、局部利益和全局利益的关系。因此,在实施整合营销前,企业领导要宣传整合营销是现代市场发展的趋势,要让企业员工了解整合营销的优势,掌握整合营销传播的基本技能,能积极思考如何进行有效的整合营销。

要破除狭窄的部门观念、小团体观念,要真正认识到整合营销在企业发展中的价值。在企业中形成一种图变求新、整合图强的共识。

(二)知己知彼

整合必须是客观、全面、有效的整合。因此,整合营销必须对企业的人力物力、财力有一个全面的评估。在仔细分析和评估的基础上作出企业整合营销的战略选择。如果不顾企业的实际,盲目追求过高、过大或过低、过小的营销目标,都达不到整合营销本来应该达到的目标。因此,知己知彼的思考在整合营销中十分重要。重点思考的问题有以下几点。

(1)企业的目标市场在何处?

(2)企业目标市场中的目标消费群体是谁?

(3)这些目标消费群体是否已经成为企业的忠诚客户?忠诚客户在目

标消费群体中占多少比例？忠诚客户的忠诚度如何？

（4）企业产品和服务有哪些特点？与竞争者相比，具有哪些竞争优势？

（5）企业员工是否认同企业的发展战略，对企业的满意度如何？

（6）企业原来是什么样的营销战略？原来的营销战略、营销计划执行如何？

（7）谁是真正的最具有实力的竞争者？

（三）"以消费者为导向"制定营销战略

整合营销必须体现"以消费者为导向"的营销理念。企业整合营销战略必须要紧紧围绕这一核心展开和深入。为了更好地体现"以消费者为导向"的理念，企业的各级管理部门都要步调一致、协同营销。整合营销决不仅是企业决策者、管理者的事情，整合营销应该成为企业各级部门、每一个员工的共同事情。

由于岗位不同、职责不同，所以领受的任务也不同。但就整个整合营销而言是统一的，不可分割的整体。事实证明，实行整合营销的企业并不意味着企业的所有的人都去搞营销，而是要求企业的每一个人都要将营销的全局，都要将"以消费者为导向"的理念贯彻到自己的日常工作中去。企业的营销战略要体现这种理念，企业的决策层、管理层、执行层、反馈层都应以这种理念为导向兢兢业业地做好本职工作，将自己的工作与整合营销的全局结合起来，将自己的工作视为企业整合营销链条中的必不可少的一环。

（四）给产品和服务定位

产品的生命周期是现代市场营销的一个重要概念。任何一个产品都有自己的生命周期。就一个具体的产品而言，如适应市场面较广，市场潜力较大，竞争对手短期内难以完全模仿，那么该产品生命周期会相对长些。反之就会比较短。产品处于不同的生命周期会有不同的市场反应。因此，企业在进行整合营销时，一定要明确企业产品所处的生命周期阶段和在市场上的现况。这需要企业做大量的市场调查去确定产品的市场定位，从宏观上把住企业每个产品的生命周期，进行有针对性的产品定位。在产品定位的基础上确定营销组合和传播组合，这样使企业的整合营销更具针对性和有效性。

（五）组建整合营销团队

整合营销是一个开放性的系统，是企业内部、外部资源的最佳整合。在所有资源中，人力资源的优化是关键。整合营销的团队实际上就是以最优化的人力资源配置去承担,去实施整合营销传播战略和方案。这个团队应该有一个比较好的人才结构。人才结构包括以下几个方面。

(1)专业结构。合理专业结构是指在整合营销团队里应拥有多层次、多样化的专门人才。合理的专业结构能起到专业互补的作用。

(2)智能结构。智能是指运用知识进行创新的能力,它是整合营销团队中专门人才智慧创造力的一种反映。专门人才的智慧创造力是整合营销走向成功的重要力量。

(3)气质结构。整合营销团队应该是各种气质的人和谐相处的一个整体。单一气质的人聚在一起不利于企业整合营销的管理。整合营销创新往往是各种气质、各种性格撞击后产生的智慧的火花。

(4)年龄结构。不同年龄阶段的人才具有不同的资历、不同的智能和不同的经验。合理的年龄结构是人才发挥最佳群体效能的重要因素。

三、整合营销的沟通技能

整合营销重在沟通传播。保证沟通的顺畅是整合营销价值的体现。作为企业的营销人员应灵活运用沟通技能,创造良好的沟通环境。通过沟通,精确地传递企业的信息,全面地了解企业目标消费群体的需求,使整合营销起到预期的效果。

(一)沟通前的准备

(1)沟通前要将沟通的对象、沟通的问题、沟通的资料形成书面材料。根据实际情况,可以递交给沟通的对方,或只是作为企业营销人员的情况掌握。

(2)确定合适的沟通方式。沟通方式包括直接沟通还是间接沟通,个别沟通还是集体沟通,或通过媒体沟通。

(3)制定明确的沟通程序。沟通的双方要严格按照既定的程序进行沟通。

(4)注意沟通技巧。企业要以平等、平和的态度认真听取消费者的意见。要鼓励沟通的对方多说话。通过各种方法诱导消费者发言,讲出真实的想法。沟通要有一定的记录,这种记录可以是书面的,也可以是音像的。利用各种沟通机会,传递企业信息,扩大企业影响。

(二)沟通技巧

(1)避免干扰。要选择比较安静的地点进行沟通,避免中途中断沟通。如沟通现场安置电话就有可能由于电话铃声中断沟通。

（2）创造轻松的氛围。在面对面直接沟通中，由于双方初次接触，或不甚熟悉，难免会有一些紧张的情绪，在这种情况，企业的沟通人员首先要营造出轻松的氛围。一开始可以讲一些与沟通无关的轻松的话题，等对方情绪松下来后再进入沟通的主题。

（3）赞美对方。要善于发现和捕捉对方闪光的语言和思想，并以适应的语言给予赞美和肯定。赞美和肯定能使消费者感到自己的意见有价值，这样，就拉近了沟通双方的心理距离。

（4）随声附和。在营销传播沟通中，能巧妙地随声附和消费者的意见，往往会使消费者感受到企业对他们意见的重视，这样就会使消费者增进对企业的理解。

（5）突出重点。沟通必须要围绕重点。因此，企业的沟通人员要通过提问等形式，充分突出沟通重点。同时要通过适当的语言使沟通双方能围绕沟通的重点进行思考，作出积极的反应。

（6）平易近人。企业沟通人员一定要平易近人，语气缓和，通情达理，决不能居高临下，盛气逼人。即使意见不一致时，也要以冷静的态度倾听，决不与消费者争论。要努力找出双方都能接受的意见和方案。

（7）肯定沟通成果。每次沟通结束前，企业的沟通人员必须能总结沟通的情况，及时肯定沟通的成果。这样做就会使沟通的双方感到沟通没有浪费时间，沟通已经起到了应有的作用。从而使他们对沟通产生信心，为以后的传播沟通活动创造了良好的心理、心态环境。

（三）沟通的媒介

沟通媒介选择恰当，有助于沟通目标的实现。除了召开会议的形式沟通外，还有其他一些沟通媒介值得现代企业借鉴和使用。

（1）企业对外的刊物。企业对外的刊物分为定期和不定期的。企业对外的刊物内容丰富、形式多样，既可以反映企业领导、企业有关部门的观点和意见，又可以反映企业目标消费群体关心的主要问题和重要事件。形式上可以采取时事通讯、报刊摘要、企业报纸、杂志或企业报纸和杂志相结合的形式等。企业对外刊物的最大优势是能够向企业特定的目标群体提供专门的详细信息。一般而言，企业对外刊物应反映企业目标消费群体希望知道的和企业希望他们知道的信息。

（2）信件。写信是一种传统的沟通方法。但事实证明，写信仍然是现代企业与其各类公众保持联系、沟通理解的一种有效方法。

领导和营销负责人的信件。这种信件就其性质而言是属私人信件。它对企业外部刊物起一种补充的作用。信件的方式经济实惠又直接，且具有一定的私密性。

企业信件。企业信件可以面向企业顾客,还可以面向政府机构、社会公众团体等。企业信件是企业争取社会组织支持的一种有效传播沟通形式。

(3)电子邮件。电子邮件是新世纪兴起的一种沟通媒介。

电子邮件速度快、信息多、范围广,并随时可以检索。现在很多企业都将电子邮件作为企业对内、对外沟通的一种重要媒介。

(4)图像媒介。图像媒介和电子邮件一样是现代科技发展的结果。

电视会议。电视会议是在通信技术发展情况下的一种信息传播沟通的形式。这种形式的好处在于:参加会议的人可以在不同的地点同时参与传播活动,听报告或讨论。这种形式可以免去人员集中、重复沟通的麻烦。

电影录像片等。企业摄制电影、录像片等作为对外传播沟通的媒介是十分有效的。介绍企业、传播企业信息的电影、录像片等只要摄制得法,往往会起到意想不到的沟通效果。企业的目标消费者看了这些影片和录像会增强对企业的信心。由于电影、录像片具有声像统一的功能,因此,在企业对外信息传播沟通中显得更为生动有效。

陈列和展览。陈列和展览具有普遍的市场营销功能,但同时又具有信息传播的功能,成功的陈列和展览不仅仅展出陈列企业的产品,更传递了企业的理念和形象,使企业的目标消费群体和各类社会公众对企业产生一种特殊的认识和情感。这是一种直接和间接相结合的沟通形式。

参考文献

[1]李桂鑫,张秋潮.电子商务实战基础:新媒体营销实战[M].北京:北京理工大学出版社,2019.

[2]勾俊伟,刘勇.新媒体营销概论[M].2版.北京:人民邮电出版社,2019.

[3]吴海涛.短视频营销实战 爆款内容设计＋粉丝运营＋规模化变现[M].北京:化学工业出版社,2019.

[4]刘勇为.全网整合营销 策划、推广、转化、二次成交的营销实战全案[M].北京:中国经济出版社,2019.

[5]陈彦宏.微视频运营与营销 低成本获取海量用户的营销新玩法[M].北京:中国经济出版社,2018.

[6]王易.微信营销与运营全能一本通 视频指导版[M].北京:人民邮电出版社,2018.

[7]吉峰,牟宇鹏.新媒体营销[M].徐州:中国矿业大学出版社,2018.

[8]天津滨海迅腾科技集团有限公司.微信营销[M].天津:南开大学出版社,2018.

[9]倪涛.软文营销实战宝典 创意、方法、技巧与案例[M].北京:企业管理出版社,2018.

[10]骏君.一本手把手教你引爆流量的微信营销手册[M].广州:广东旅游出版社,2018.

[11]彭晓东.整合营销传播对品牌价值共创影响研究[M].延吉:延边大学出版社,2018.

[12]罗小萍,李韧.新语境下广告、品牌与整合营销新特点剖析[M].北京:中国广播影视出版社,2018.

[13]周敏.移动互联网时代的传媒变革 全媒体整合营销实践手册[M].广州:羊城晚报出版社,2018.

[14](日)加藤公-莱奥.精准推送 新媒体时代的营销活动守则[M].马云雷,杜君林,译.北京:北京联合出版公司,2018.

[15]秋叶丛书.软文营销[M].北京:人民邮电出版社,2018.

[16]燕鹏飞,黄周城.一看就懂的自媒体营销[M].北京:民主与建设出版社,2017.

[17]段兴晨.从"菜鸟"到"牛人"软文营销实战全攻略[M].北京:北京工业大学出版社,2017.

[18]赵灵芝.软文营销应该这样做[M].北京:电子工业出版社,2017.

[19]熊猫鲸.疯转:新媒体软文营销72法则[M].北京:中国铁道出版社,2017.

[20]管鹏,刘兴隆,李七喜.带你一起做直播[M].北京:当代世界出版社,2017.

[21]卫军英.媒体创新 营销即传播[M].杭州:浙江大学出版社,2017.

[22]魏艳.微视频营销[M].北京:企业管理出版社,2017.

[23]蔡余杰,刘利.微信营销的实战策略[M].北京:中国纺织出版社,2017.

[24]中公教育优就业研究院.网络营销实战派 玩转新媒体营销[M].北京/西安:世界图书出版公司,2017.

[25]何学林.直播:引爆关注就这么简单[M].北京:机械工业出版社,2017.

[26]谭贤.新媒体营销与运营实战从入门到精通[M].北京:人民邮电出版社,2017.

[27](美)盖伊·川崎,佩吉·菲茨帕特里克.玩转社交媒体 苹果前首席宣传官谈新媒体营销秘诀[M].苏西,译.北京:中国友谊出版公司,2017.

[28](美)MikeMoran,(美)BillHunt.搜索引擎营销 网站流量大提速[M].宫鑫,康宁,刑天,等译.北京:电子工业出版社,2016.

[29]林潺,等.整合的力量 从微营销到微体系[M].北京:机械工业出版社,2016.

[30]倪林峰.微信朋友圈营销实战[M].北京:北京理工大学出版社,2016.

[31]骏君.颠覆与变革 新媒体营销方法[M].广州:广东经济出版社,2016.

[32]刘兴隆,康咏铧,程子桉,等.互联网＋微媒体 移动互联时代的新媒体营销密码[M].北京:中国铁道出版社,2016.

[33]龚铂洋.引爆新媒体营销[M].北京:电子工业出版社,2016.

[34]高连兴,韩玉明.软文营销实战宝典[M].北京:中国财富出版社,2016.

[35]赵瑞旺,胡明丽.搜索引擎营销[M].北京:科学技术文献出版

社,2015.

[36]周慧敏.一句话打动消费者 软文营销实战写作与案例分析[M].北京:中国铁道出版社,2015.

[37]沈剑虹.整合营销传播内涵与典例研究[M].大连:大连海事大学出版社,2014.

[38]黄鹂,何西军.整合营销传播 原理与实务[M].上海:复旦大学出版社,2012.

[39]田欣.赢在搜索 搜索引擎营销给企业带来什么[M].北京:人民邮电出版社,2009.

[40](美)汤姆·邓肯著;周洁如译;王方华审.整合营销传播[M].北京:中国财政经济出版社,2004.

[41]黄龙妍.新媒体营销渠道现状与管理研究[J].现代营销(经营版),2020(12):126-127.

[42]易倩茜,张铷钫.浅析微博营销对消费者购买行为的影响[J].现代营销(经营版),2020(12):144-145.

[43]胡明宇.整合营销传播视角的品牌跨界营销:创新与挑战[J].中国广告,2020(10):83-87.

[44]王绫.分析新媒体对整合营销传播的影响及对策[J].传媒论坛,2020,3(13):49.

[45]李卫琳.基于搜索引擎的精准营销分析[J].电子商务,2020(05):53-54.

[46]廖建宇.微信公众号软文营销探析[J].现代商贸工业,2019,40(29):48.

[47]郎佳欢,马娇,梁丽军.网络直播营销对消费者冲动购买的影响探究[J].中国市场,2020(35):121＋123.

[48]徐洁.关于网络视频营销形式及发展趋势分析[J].现代商业,2018(36):13-14.